曹薰铉、李昌镐精讲围棋系列

精讲围棋对局技巧

基本技巧

曹薰铉围棋研究室 —— 编著

化学工业出版社
·北京·

图书在版编目（CIP）数据

精讲围棋对局技巧．基本技巧／曹薰铉围棋研究室编著．
—北京：化学工业出版社，2020.3
（曹薰铉、李昌镐精讲围棋系列）
ISBN 978-7-122-36094-6

Ⅰ．①精… Ⅱ．①曹… Ⅲ．①围棋－对局（棋类运动）
Ⅳ．①G891.3

中国版本图书馆CIP数据核字（2020）第020812号

责任编辑：史 懿 杨松森　　　　　　　装帧设计：刘丽华
责任校对：李雨晴

出版发行：化学工业出版社（北京市东城区青年湖南街13号　邮政编码100011）
印　　装：大厂聚鑫印刷有限责任公司
710mm×1000mm　1/16　印张13$\frac{1}{2}$　字数197千字　2020年9月北京第1版第1次印刷

购书咨询：010-64518888　　　　　　　　售后服务：010-64518899
网　　址：http://www.cip.com.cn
凡购买本书，如有缺损质量问题，本社销售中心负责调换。

定　价：59.80元　　　　　　　　　　　　　　　　　　版权所有　违者必究

从围棋发源至今，尽管有很多人下过棋，但全然相同的对局却一盘都没有，由此充分证明了围棋有无穷无尽的变化。

　　而围棋的这一特点，也成为那些急于提高自身棋力者的不利因素。在对局中，碰到自己比较熟悉的棋形时，围棋技巧的使用得心应手，而遇到自己陌生的棋形时，便很难判断出所下着法的好坏，因此越是重要的对局，越选择自己最熟悉的棋形。但只要你还下棋，就肯定会遇到自己不熟悉的棋形。这时，能否下出符合棋理的棋，可以衡量出一个人水平的高低。

　　提高自身棋力非常有效的方法之一，是通过大量实战接触更多的棋形，并将各种技巧融入实战之中。但这一方法不仅会受到时间的限制，而且还因对局者的水平不同而效果不同，因而，集中研究对局中经常出现的基本棋形及其相对应的行棋技巧、手筋更为有效。《精讲围棋对局技巧》中所列棋例，均是从韩国职业棋手或业余高手实战中精选出来的。为了方便读者阅读，作者将这些棋形以问题的形式展现出来，并且从业余棋手的认知出发，对其中的变化进行了详尽的分析。深入学习《精讲围棋对局技巧》，相信能对广大读者提高棋力有所帮助。

青薰铉
2020 年 5 月

围棋是中国的国粹，它能启发智力，开拓思维，是一项非常有益的修身养性的娱乐活动。成人通过学习围棋，可以培养自己良好的心境和大局观；儿童通过学习围棋，可以培养耐心，提高注意力，锻炼独立思考能力，挖掘思维潜能，对课业学习也有十分明显的帮助。

　　那么如何学习围棋？如何学好围棋？什么样的围棋书才能更有针对性地提升棋艺水平？

　　韩国棋手曹薰铉、李昌镐不仅是韩国围棋的代表人物，在国际棋界也有举足轻重的地位。我们经与曹薰铉、李昌镐本人直接接洽，使得本系列书得以顺利出版。

　　本系列书包括定式、布局、棋形、中盘、对局、官子、死活、手筋共8个主题，集曹薰铉、李昌镐成长经验和众多棋手的智慧于一体，使用了韩国职业棋手的大量一手资料，其难度贯穿了围棋入门、提高、实战和入段等各个阶段，内容覆盖了实战围棋各个方面，是非常系统且透彻的围棋自学读物。

　　《精讲围棋对局技巧》分类讲解了围棋进攻、防守、转换等具体作战过程中的常用下法，着重培养围棋爱好者的学习兴趣和思维方式，重视行棋感觉的培养，注重练习，强调实战。

　　本书由陈启承担资料翻译、整理工作，由石心平、范孙操负责稿件审校，并得到曹薰铉、李昌镐围棋研究室众多成员的大力协助，在此对他们的辛勤劳动表示诚挚的感谢。

　　衷心希望广大围棋爱好者能通过学习本书迅速提高棋力，并由此享受围棋带来的快乐。

编著者
2020年3月

第1章 基本技巧

一、围棋棋子的死活 1

二、连接和分断 5

三、靠 9

四、尖冲 13

五、虎 17

六、空三角 21

七、扳头 25

第2章 布局中的应用

一、常见着法的应对 29

问题1 尖顶的应对（一）......29

问题2 尖顶的应对（二）......33

问题3 托的应对 37

问题4 压的应对 41

问题5 靠的应对（一）......45

问题6 靠的应对（二）......49

问题7 靠压的应对 53

问题8 长的应对（一）......57

问题9 长的应对（二）......61

问题10 长的应对（三）......65

问题11 贴的应对 69

问题12 爬的应对 73

问题13 挡的应对 77

二、根据地 81

问题1 生根 81

问题2 安定 85

问题3 方向选择 89

问题4 建立根据地（一）......93

问题5 建立根据地（二）......97

三、出头和封锁 101

问题1 处理孤子（一）......101

问题2 处理孤子（二）......105

问题3 处理孤子（三）......109

问题4 进攻与防守 113

问题5 反封锁 117

四、打吃的应用 121

问题1 方向选择 121

问题2 定式用法（一）......125

问题 3 定式用法（二）......129	问题 5 断的应用（五）......169
问题 4 先手利用（一）......133	**六、棋形要点**......173
问题 5 先手利用（二）......137	问题 1 棋形急所（一）......173
问题 6 行棋次序（一）......141	问题 2 棋形急所（二）......177
问题 7 行棋次序（二）......145	问题 3 应对打吃......181
问题 8 弃子获利......149	问题 4 补棋（一）......185
五、分断......153	问题 5 补棋（二）......189
问题 1 断的应对（一）......153	问题 6 制造断点（一）......193
问题 2 断的应用（二）......157	问题 7 制造断点（二）......197
问题 3 断的应用（三）......161	问题 8 制造断点（三）......201
问题 4 断的应用（四）......165	问题 9 制造断点（四）......205

第1章

基本技巧

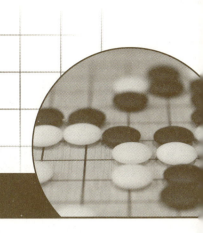

一、围棋棋子的死活

对围棋棋子死活的理解,是掌握围棋对局技巧的有效途径。现在让我们首先看图1,会下围棋的人都知道,白子落在1位时,将提掉黑棋一子。

图2与图1相比,黑棋已在更大的范围内将白△子包围。图1的黑子由于被白棋全部包围,没有活路而被提掉,而图2的白子也可以说其退路已大部分被黑子切断,逃生无望。图1和图2的共同点是被围的棋子的出路被全部切断,而导致其无法生存。

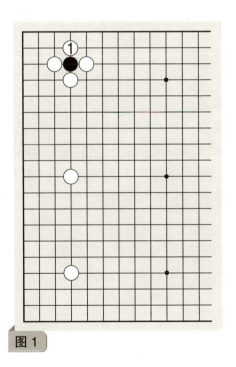

图1

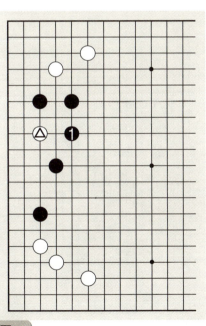

图2

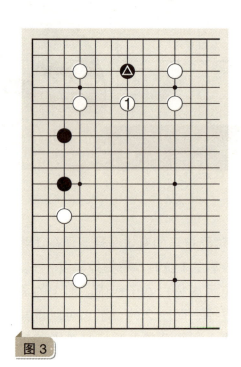

图3

同样，在图3中，白子下在1位时，黑▲一子岌岌可危，必须寻找逃生之路。

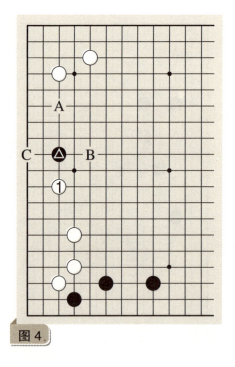

图4

图4的棋形，经常在实战中出现，当白棋下在1位时，黑▲一子的出路只有A或B两种选择，黑棋可以从这两点来削弱白棋的外势。白1已将黑棋一侧的出路堵死，并有攻击黑棋的作用，黑棋虽然出路只有A或B，但到目前为止，尚无危险，而C位已是边线，没有退路。

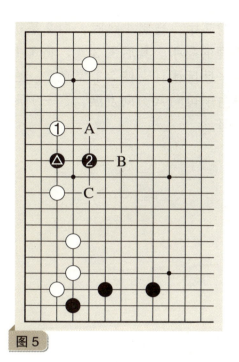

图5中，白棋下在1位时，已将黑棋的另一侧封死，黑2只能匆忙逃窜。如果黑棋置之不理，当白棋下在2位时，黑▲子即处于非常危险的处境。而当黑棋下在2位后，白棋虽然可以从A、B、C三点攻击黑棋，但黑棋不会轻易被杀死。

图5

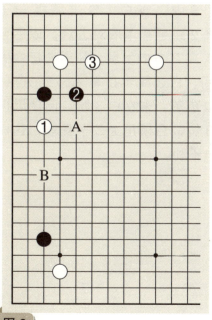

图6中，白1封住黑棋向边上发展的出路，黑棋下在2位，可轻易跳出。而白棋的当务之急是在3位补，这样便将黑棋一侧退路全部封住，对黑棋非常不利。虽然白棋须顾及黑棋攻击白1，但由于白棋有A或B两条出路，故不存在危险。

图6

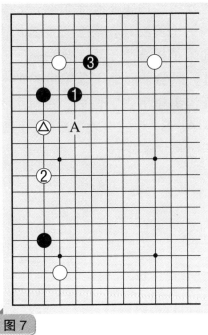

图7

图7中，当黑1跳时，白2是极为无理的恶手。其后黑3飞，将角上的白子团团围住，使之非常危险。白△子由于可向A方向发展，这一侧形势尚可。

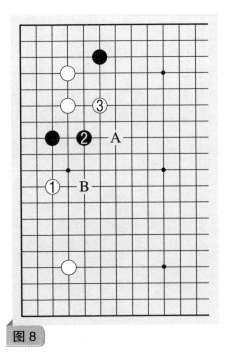

图8

图8中，当白1攻击黑棋一子时，黑2跳是基本应对方法，以后可以向A或B方向发展，拓展自己的生存空间。白3跳也是基本应对方法。如白棋疏忽，未在白3跳，而使黑棋下在3位，白棋角上二子受攻，这样对白棋不利。

二、连接和分断

前面所述只是谈及棋的活路问题。而如何使自己的棋得到加强,使对方的棋得以削弱,这又是对局的另一重要方面。在围棋对局中,棋的强弱与棋子的连接和分断密切相关。

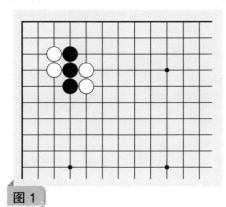

图1

棋子的效率不高,会使自己处于不利的情况。图1便是典型实例。图1中白棋处于绝对不利的位置,主要原因是白棋已被分割成两块。这种被分割的棋形,是绝对不能容忍的。

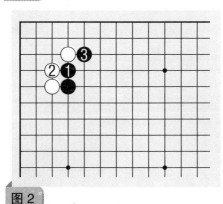

图2

图2中,黑1顶,白2挡是非常重要的应对方法,黑3扳也是必然。

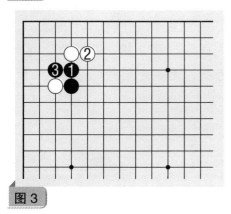

图3

图3中,白棋被上下分断,非常不利。

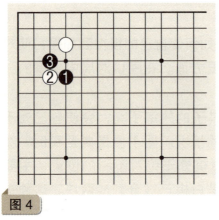

图4

图4中,黑1一间高挂时,白2托是白棋重视实地的常用定式下法。黑3扳是错着。

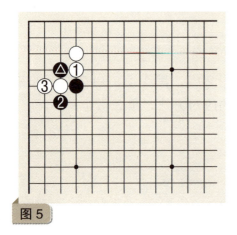

图5

图5中,白1无条件切断黑棋,是非常重要的一手棋,其意是在利用黑▲的错误,对黑棋继续进行攻击。黑2打吃是定式,白3长,则黑▲一子已成瓮中之鳖。

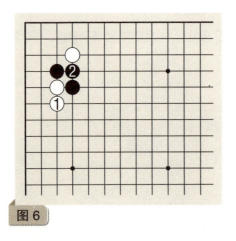

图6

图6中,如果白棋对图5中黑2的打吃有所顾忌,而在本图1位长,则是大恶手。黑2接,将白棋上下两块棋分断,黑棋处于绝对有利的位置。

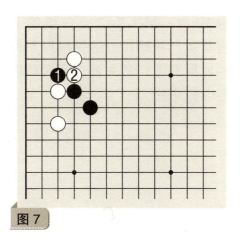

图7

图7中，黑1扳，白2断是绝对应手，之后黑棋如何下，才能对自己有利？如果能将白棋分断，则可大获成功。

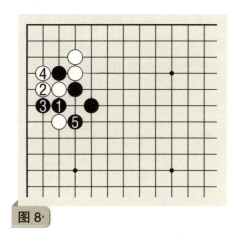

图8

图8中，黑1打，白2长，黑3挡，则可将上下两块白棋分断。虽然白4打可以吃掉黑棋一子，但黑棋已成功地分断白棋，并且黑5威胁到白棋一子，这种结果对黑棋绝对有利。

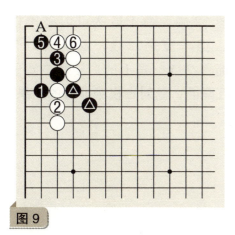

图9

图9中，黑1打是大恶手，白2连。白6后，黑A位立虽可使黑棋做活，但黑▲二子已被完全孤立，这种棋形对黑棋绝对不利。像黑1这样使对方连接而使己方分裂的对局方法是重大错误。

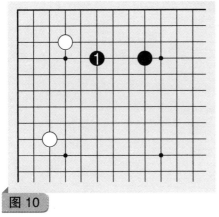

图10

图 10 中，黑 1 拆二，白棋的下一步棋基本已被确定。这种棋形不但和棋的发展有密切的关系，而且和棋的分断也有关系。

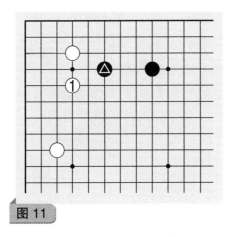

图11

图 11 中，白 1 跳是绝对应手。白 1 不仅可以使白棋获得向边发展的实利，同时也是相互联络的急所。

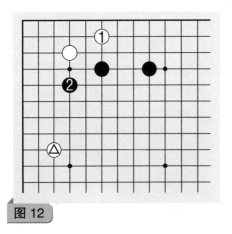

图12

图 12 中，白 1 虽然可以破黑棋的空，但毕竟是二线，发展潜力有限。而黑 2 飞，角上的白子和白△子被相互隔断，这对白棋绝非好的结果。

三、靠

紧贴着对方的棋子，单独下一颗棋子叫作靠。从广义上讲，碰、托、搭等类似靠的下法，都可以视为靠，具有靠的特性，但我们更习惯使用它们更具体的术语名称。围棋对局中最具代表性的手段便是靠。靠是阻止对方棋子扩张的最积极的手段，是非常重要的对局技巧。

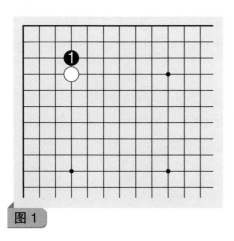

图1

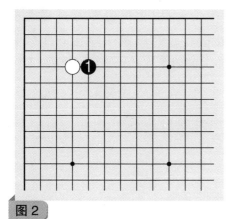

图2

图1、图2、图3中，对星位的白棋，黑棋可以选择的靠的方法有图1、图2、图3中的1位，以及图3中A位4种方法。靠，犹如人际交往中，人与人相遇时，一方主动搭话，另一方须有所回答。

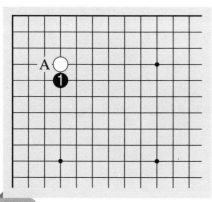

图3

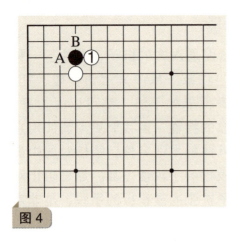

图4

当对方靠上来时，最佳的应对方法是什么呢？围棋中有"靠必扳"的说法。

图4中，当白1扳时，黑棋基本上已被封住，黑棋的退路只有A和B两处，而黑棋此时一般都选择A位。

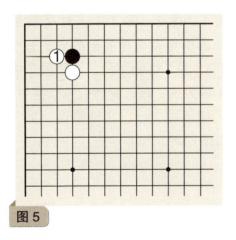

图5

当然，白棋也可像图5这样，在白1处扳。此时黑棋一般会向比较开阔的地方活动。

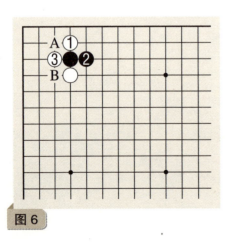

图6

当黑棋靠时，白棋在图6中不是在2位或3位扳，而是白1夹，这不是好手，我们应注意。当黑2长时，白棋只有白3挡，这样就造成了A和B两处断点，对白棋不利。

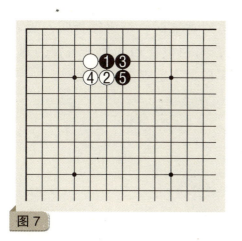

图7

当对方靠时会形成什么样的结果呢？图7是黑棋靠白棋时所形成的很平常的结果。从这个结果可以发现围棋棋子相互接触时，双方都会得到加强，这犹如人接触越多，越有力量一样。

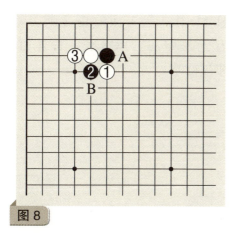

图8

图8中，白1扳，黑2断又会出现什么变化？白3长是好手。应该切记，在双方互断时，一方首先长，对作战会绝对有利。紧接着白棋有在A或B打吃的手段。

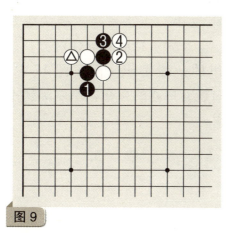

图9

图9中，黑1长，防止白棋征子，白棋只要在白2打便万事大吉。黑棋即使在黑3长，白4挡，加上白△的作用，黑棋不能活。

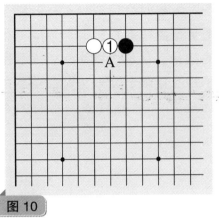

当对方靠时,都必须扳吗?看看图 10,当白棋在白 1 顶(可视为靠)时,黑棋是不是应在 A 位扳?

图 10

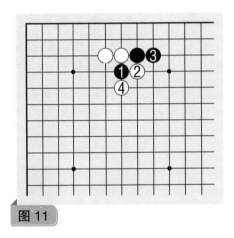

图 11 中,黑 1 扳,白 2 断,黑棋相互无法照应。黑 3 长,白 4 打,黑 1 即被征吃。

图 11

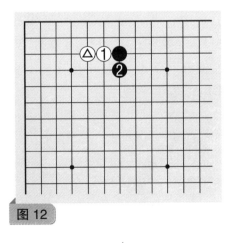

图 12 中,黑 2 长是正确的应对方法。当对方单独靠时扳住对方,这是围棋的一般常识,而在图 12 中,由于白棋有白△的存在,所以黑棋不能强扳。

图 12

四、尖冲

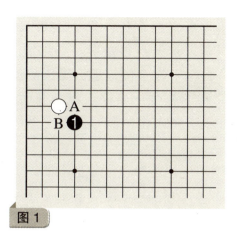

图1

图1中,黑1与三线的白棋形成了相邻对角形,黑1的这种下法叫作尖冲。尖冲与靠的性质相似,黑1的意图是在A或B封住白棋。

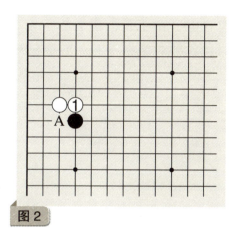

图2

当对方尖冲时,己方应予以积极应对。黑棋的尖可以选择很多地方。图2中,白棋在1位或A位长,既可破坏黑棋的意图,又可为自己扩大活动空间。

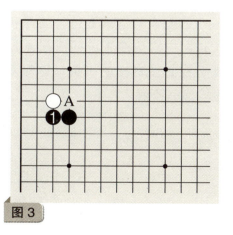

图3

如果白棋脱先,图3中,黑棋下在1位或A位虽然都可以,但差别很大,一般从根地考虑,应下在1位。

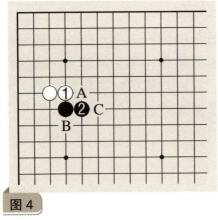

图4

图4中，白1长，黑2跟着长，而不是扳，这一点很重要。如果黑2脱先，白棋下在2位，那么黑棋的退路就只剩下B位一条了。黑2长时，白棋如果下在A位，黑C则是必然的要点。

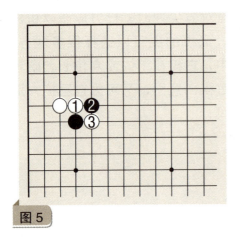

图5

图5中，白1长，黑2扳，白3断，这种作战对黑棋不利，前面已对此有过说明。

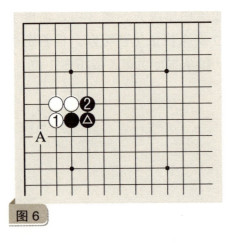

图6

图6是图4的继续进行，当黑棋在▲长时，白棋可在1位拐或在A位飞，黑2拐封住白棋的出头，这对双方来说均没有不满。

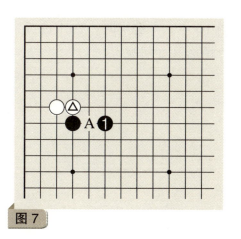

图7

图7中,白△长,黑1跳,这是常用对局手段,黑1与A位相比更注重速度。

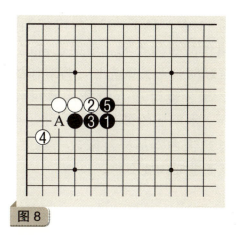

图8

图8中,白2长,黑3连直至黑5拐都是正常的进行,只是白4飞有可能在A位拐,这种图形和图6相比只是向中腹多走了一格,没有其他差别。

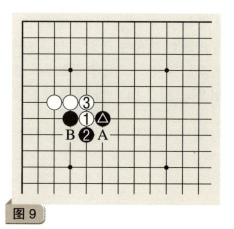

图9

图9中,黑△跳时,白1、3挖接成立。白1、3使黑棋产生A和B两处断点,黑棋会在A位补,以保存黑△的利用价值。

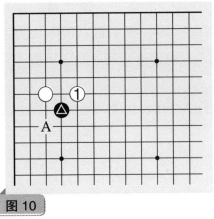

图10

图10中,黑▲尖时,白1位或A位跳,情形又如何呢?

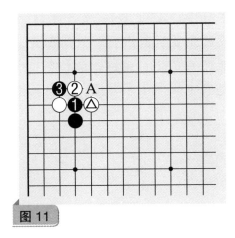

图11

图11中,黑1、3将白棋切断,使白棋作战极为不利。前面已讲过,双方互断时,一方率先长,将对作战有利。黑3也可在A位断,黑棋作战有利。水平低的棋手,当对方尖冲时,总想像白△那样跳来攻击对方,结果反而造成作战不利。

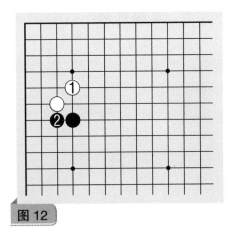

图12

当黑棋尖冲时,图12中的白1是具有代表性的俗手应对方法。白1尖是被人们笑称为"低水平的尖"的典型棋例。黑2挡,当即造成白棋不利。

五、虎

围棋的棋形有强有弱。棋形强就意味着棋的势力强。这对围地和攻击对方都非常有利。具有代表性的强的棋形便是虎。虎一般都是要点所在，如让对方形成虎，则很可能成为自己的败点。

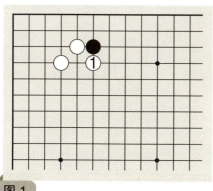
图1

图1中，白1扳住黑棋即成虎的形状。白1的扳使白棋势力很强，而黑棋则非常弱。

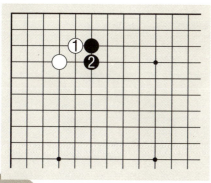
图2

图2中，白1尖，黑2长，占据了白棋在2位形成虎的要点，因此黑2是好点。

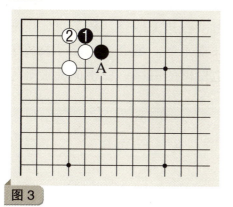
图3

图3中，黑棋不下在A位而在黑1扳，白2形成虎，这样对黑棋不利。

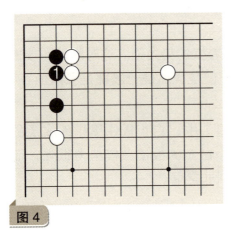

图4

图4中的定式经常可以看到。黑1长，意在联络上下两个黑子，那么下一步白棋应下在哪里？

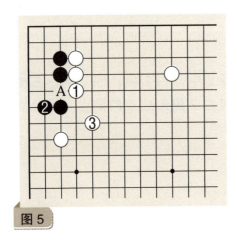

图5

图5中，白1长是绝对的一手，以防备黑棋在此形成虎，这非常重要，黑2立是防A位断的一种方法，白3飞则是基本定式。

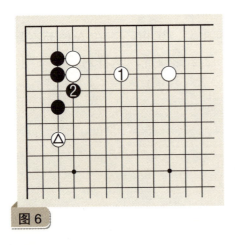

图6

如果像图6一样，白1拆，急于使白棋在边上成空，黑2虎，则对白棋非常不利。黑2虎切断了白△子与上边白棋的联络，白棋的处境非常危险。

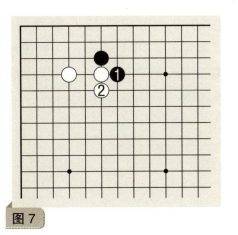

图7

图7中的定式是初学围棋的人接触最多的定式之一。黑1扳,白2长防黑棋打。黑棋的下一步应下在什么地方?

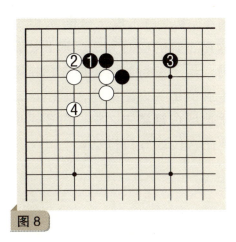

图8

图8中,黑1长,防止白棋在此形成虎。白2挡保护了白棋在角上的实利。黑3大飞,白4补,均是基本定式。

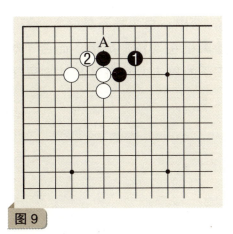

图9

图9中,黑1虽然使黑棋形成虎,但由于是勉强造成的,所以黑棋的效率不高,白2扳使白棋自然形成虎,这种棋形较好,棋子效率较高,接着黑棋必须在A位立下,以防白棋打吃。很多情况下,因扳对方棋子而形成虎,但虎不应勉强形成。

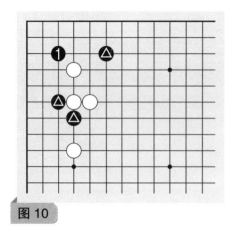

图10中，白棋夹攻左侧黑棋，这是基本定式。黑1点三三，意在和黑▲的任意一侧取得联络。白棋应切断哪块黑棋？怎样下正确？

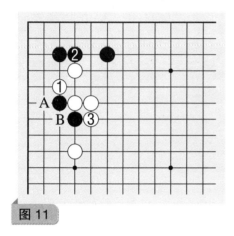

图11中，白1虎，分断黑棋二子，这是正确的应对方法。黑2长意在和另一黑子取得联络，白3拐将黑棋向中腹的出头之路封住，黑棋这二子几乎已成白棋囊中之物。白3拐也可能下在A位或B位打吃。

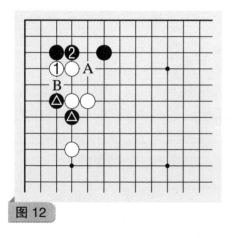

图12中，白1挡不是好手，黑2长可使黑棋在A位形成虎，而白1对黑▲二子的攻击力较白B相比要差了很多。

六、空三角

围棋中有像虎这样既美观，又厚实的棋形，也有非常坏的棋形。围棋是下棋双方轮番进行的项目，己方所下的棋的效率不如对方，当然会对自己不利。坏的棋形效率极低，其中比较具有代表性的棋形便是空三角。

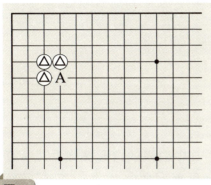

图1

图1是空三角的棋形。

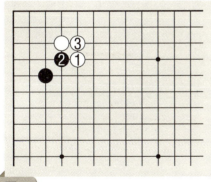

图2

我们可以通过图2来观察空三角的愚形所在。白1尖是白棋非常坚实的下法，黑2挤，白3接可以防断。

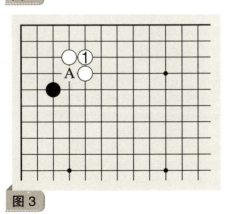

图3

但是如果像图3中，黑棋没有下在A位，而白1接就几乎不起任何作用，这就是空三角的缺点所在。

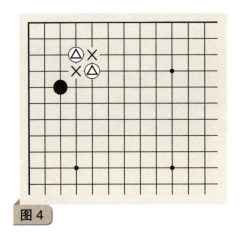

图4

出现图4的棋形该怎么办？目前白⊙二子无被分断的危险，但白棋如果想彻底连接，将×位全部接上，形成四个子一团的棋形则比空三角还坏。

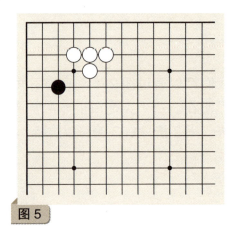

图5

图5中白棋的棋形被称为"斗笠"形，也是愚形的一种。斗笠形一般是由两个空三角组成的。

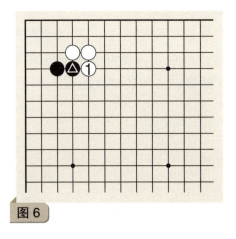

图6

图6中的情况应引起我们的注意。白1拐是好形。白棋虽然形成了三角形，但由于有黑⊙，白棋不是空三角，且形成厚势。实战中可以根据黑⊙的有无，来区分白棋是否为好形。

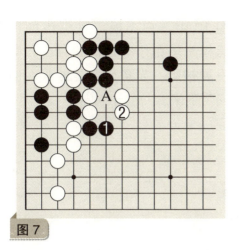

图7

让我们通过图7来看一看空三角的形状会在什么样的情况下出现。黑1长，准备在A位打吃白棋二子，白棋当然应补，白2双，则可救活白棋二子，这是最基本的应对方法。

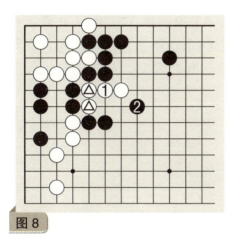

图8

图8中，白1接则与白△形成愚形，黑2飞，白棋四子逃生无望。这是拐成空三角所造成的恶果。

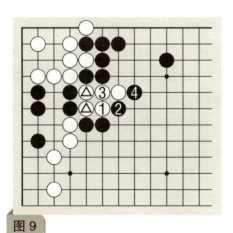

图9

图9中，白1弯又如何呢？黑2打吃，白3必须接，此时白棋已全部团在一起，黑4打，白棋五子已无路可逃，损失更大。

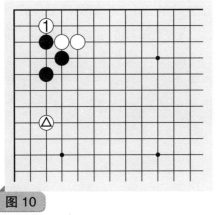

图10中，白1扳，黑棋该如何应？黑棋三子由于有白△的存在，向边的发展被阻，当务之急是做眼，使自己安定下来。

图10

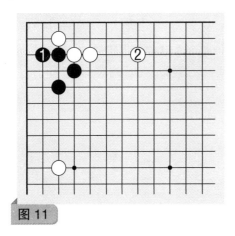

图11中，黑1立非常重要，不仅可以防备白棋在这里打，而且还可以给自己制造眼位。

图11

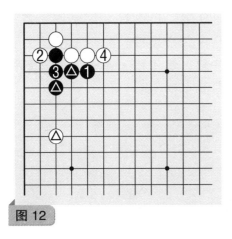

通过图12再来看看图11中黑1的重要所在。黑1长，看似好点。但白2打，黑棋很痛苦。黑3接形成愚形。黑棋四子由于没有根据地，加之有白△的牵制，黑棋非常不利。

图12

七、扳头

在围棋的对局中，出头是关键中的关键。棋出头与否，决定了未来能否有更大的发展。

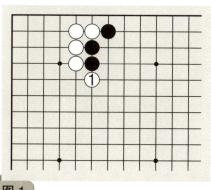
图1

图1中，白1是典型的出头要点，是从正面阻止黑棋发展的关键所在，那么扳头又有什么威力？

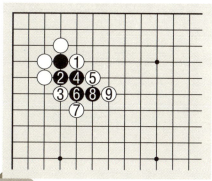
图2

通过图2来看一看扳头的威力。白1以下是征子的棋形。黑棋一直被扳住，直到最后被征掉。

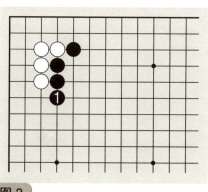
图3

图3中，黑1是防止被扳头的补棋要点。如果白棋先走，肯定会在1位扳头。

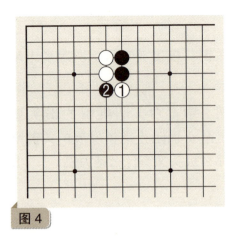

图4

图4中，白1是扳头的要点，此时黑2断，如同扳住白棋的头，白棋该如何应对？

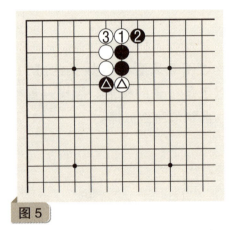

图5

图5中，白1扳，白3接，黑棋断点多，棋形薄，白棋形势较好，但由于有黑▲的影响，白△扳头的威力有所减弱。

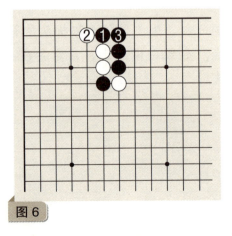

图6

图6中，如白棋脱先，黑1扳，黑3接，攻防完全转换了，这就是扳头的威力。

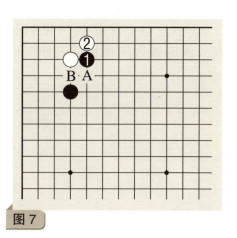

图7

扳头在实战中应以什么形态出现？图7中，黑1靠是封住白棋在边上发展的好手。依照"靠必扳"的原理，白2扳这手很重要。应该注意如白A位扳，被黑棋在B位断，则作战不利。

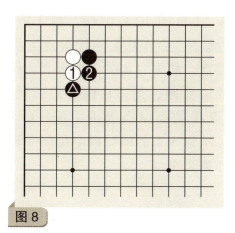

图8

图8中，如果白棋不扳而是在1位顶，又会有什么变化呢？由于黑▲的存在，形成了黑棋扳住白棋头的形状，白棋形势非常不利。

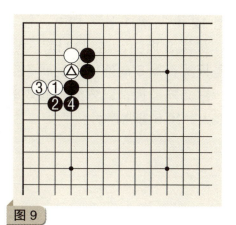

图9

图9中，白1扳，意图向外发展，而被黑2强扳，则白棋棋形不饱满。这是白▲造成的后果。

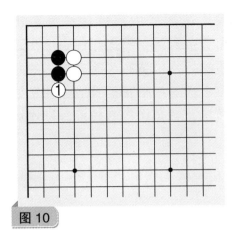

图10

图10中，白1是显而易见的扳的要点，此后双方围绕扳头开始了一场攻防战。

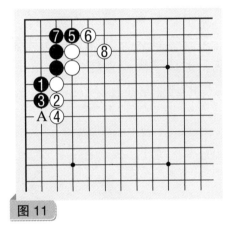

图11

图11是图10的继续。黑1扳，白2、黑3、白4都是防止被对方扳头的要点。如果白4在A位扳头，而被黑在4位断，则对白棋极为不利。黑5、7是防止白棋扳头手段，白8补断。从这一系列的行棋中可以发现扳头的重要性。

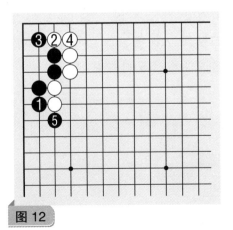

图12

图12中，黑1长，白2、白4扳接，被黑5扳头，这对白棋不利。同样是扳头，黑5向外扳，发展的空间大，白2向黑扳，双方棋子的效率差别很大，黑5非常严厉。

第2章 布局中的应用

一、常见着法的应对

问题1 尖顶的应对（一）

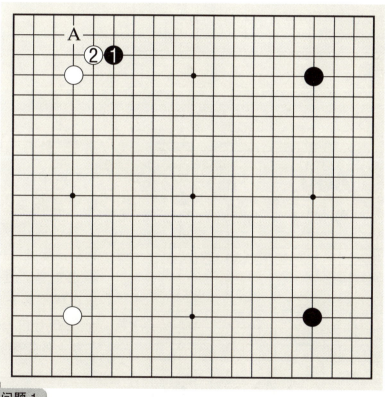

问题1

黑先。黑1挂，白2尖顶，白2的目的是先手防备黑棋在A位飞，但实际上是俗手。在这种情况下，黑棋如何应对才最正确？

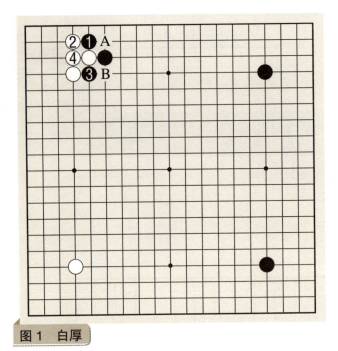

图1 白厚

图1 白厚

"靠必扳"是围棋格言。但在本图中黑1扳，白2挡，白棋形成虎口，这对黑棋不利。黑3打，白4接，这样白棋在角上很厚，没有任何断点，黑棋却出现了A和B两个断点，形势非常不利。

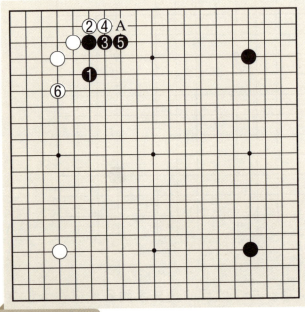

图2 徒劳无功

图2 徒劳无功

黑1跳意在向棋盘中腹发展，白2先手扳，使黑棋得不到实利。白4、黑5都是防止扳头的要点。此后白棋不必在A点长，而是在6位跳，取得了角上的重要实利。

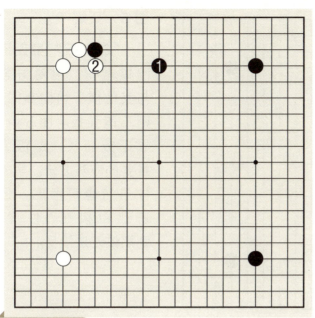

图3 白厚势

黑1超大飞，白2虎，一般来说黑棋不好。白2虎使白棋形成厚势。黑棋以后若想接近左上角白棋的势力范围则相当困难。

图3 白厚势

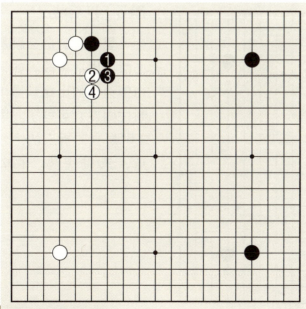

图4 低手的尖

黑1尖是初学者的常见下法，白2飞是积蓄实力的好手。黑3只有长，而当白4跟着长时，白棋在左上角的势力与黑棋相比，显得更为强大。

图4 低手的尖

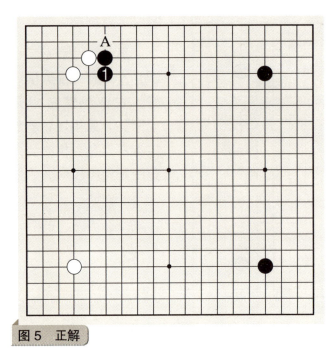

图5 正解

图5 正解

"靠必扳"虽说是围棋常识，但对方若与其他棋子协同靠时，则不能强扳。图5中，黑不扳而长，是极为重要的应对方法。黑A位虽然也可考虑，但若让白棋在1位虎，则黑棋无法接受。

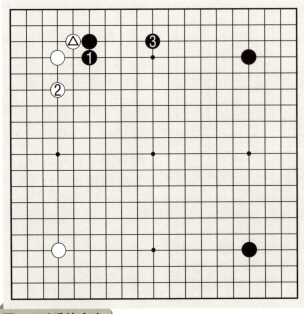

图6 以后的次序

图6 以后的次序

黑1长，白2跳是必然的出头手段。如果白棋边上的出路被黑棋封住则岌岌可危了。黑3则是立二拆三的绝好点，黑棋优势，白△不好。

问题 2 尖顶的应对（二）

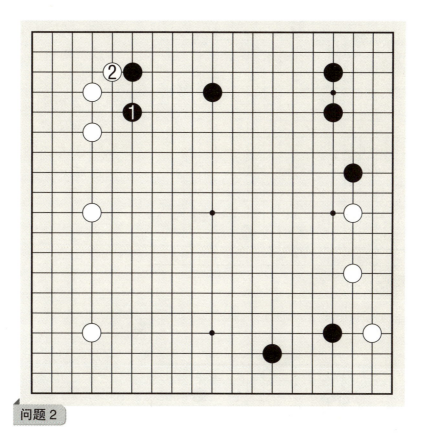

问题 2

黑先。黑1跳，意在扩张势力，白2尖顶是先手阻止黑棋在角上发展的机敏手法。黑1跳的目的在于使棋走厚，获取外势，也无不满。对白2尖顶，黑棋该如何应对？

图1 黑损

当对方尖顶时，己方一味脱先，大部分情况对自己不利。黑1虽然意在下边成空，但白2扳后，黑棋很苦。黑3退，白4长，黑棋在上边的空被消，黑棋损失惨重。

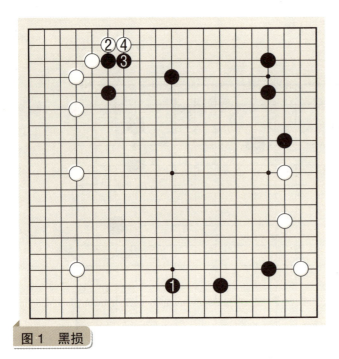

图1 黑损

图2 黑棋打入太早

黑1打入，白2仍然扳，黑棋更为痛苦。黑3退防打，白4长，黑5为了防止白棋在此扳头必须补。白6挡将黑1吃住，黑棋的损失很大。所以在对方靠时，无论如何都要应，这是基本常识。

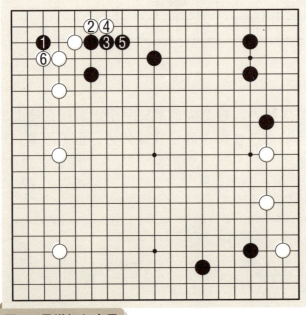

图2 黑棋打入太早

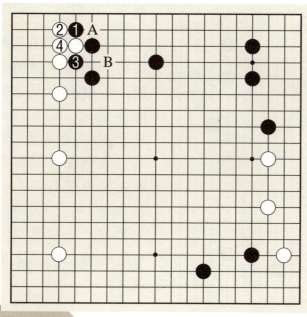

图3 恶手

图3 恶手

黑1扳，我们之前说过，此时白2虎后，黑1扳成恶手。黑3打吃同样是恶手。因为白4接已使白棋的棋形非常坚固。相反，黑棋有A和B两处弱点要补，黑棋不满。

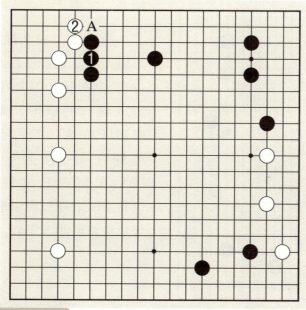

图4 棒接

图4 棒接

黑1棒接显得过于笨拙。黑1接，白2立，白棋在确保角上实地的同时，还窥视着A处的手段。而黑A位挡又是后手，黑棋一般会脱先选择其他大场。

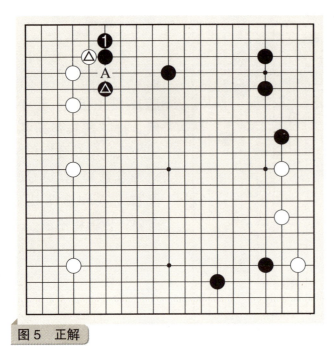

图5 正解

图5 正解

白△尖顶是利用其他棋子协同作战的手段，所以黑棋不能照搬陈规扳。黑1立则是正确的行棋手法。如果没有黑△，黑棋在A位长也是好手，但在本图中，还是黑1立为好，此后黑棋还可以瞄着白棋角上的弱点。

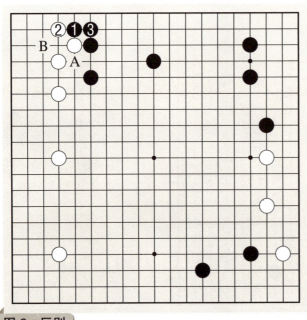

图6 区别

图6 区别

黑1扳，白2虎，黑棋不利。这已在图3中有过说明，但如果形成这样的棋形，黑棋以不在A位打，而单纯在黑3接为好，以后黑棋在B位刺，仍有余味。不过黑棋最好还是依照图5下棋。

问题 3　托的应对

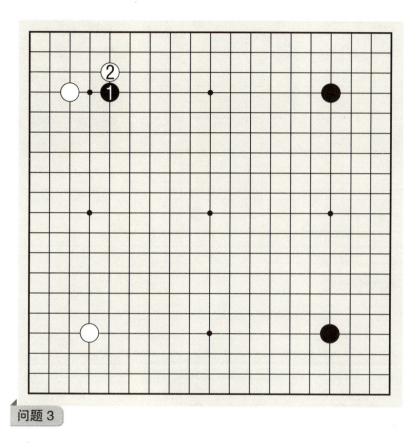

问题 3

黑先。黑 1 挂，白 2 托，加强自身，意在确保角上的实利，这是职业高手经常使用的定式。此后黑棋对付白 2 最好的方法是什么？

图1 黑棋战斗不利

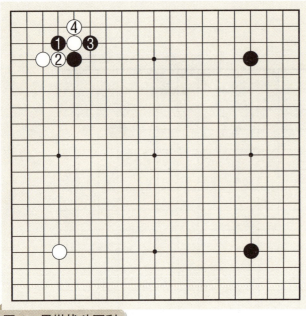

图1 黑棋战斗不利

黑1扳是依据"靠必扳"格言所下的一着棋,但是被白2断后,作战对黑棋不利。双方互断时,哪一方先长则对哪一方有利。即使黑3打,白4长即可逃脱,而黑1一子随时会被吃掉。

图2 黑棋缓手

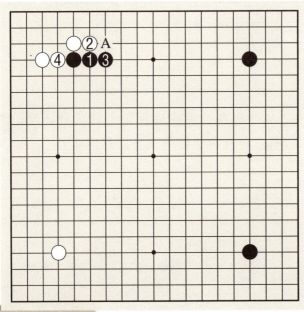

图2 黑棋缓手

黑1长是缓手,使黑棋在气势上落后。白2跟着长,并先手白4顶,此后黑棋虽可在A位挡,取得外势,但白棋获得了巨大实利,白棋满足。

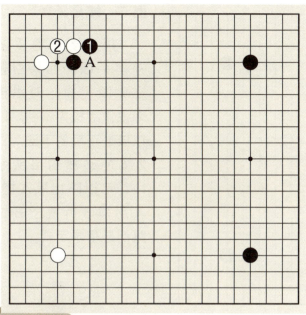

图3 正解

图3 正解

黑1从右边扳是正确的行棋方法。白2是防备黑棋打吃的要点，否则黑于2位打吃，白棋左右两子将被分断，这对白棋不利。白2退，这时双方攻防的焦点则围绕在黑棋的弱点A上。

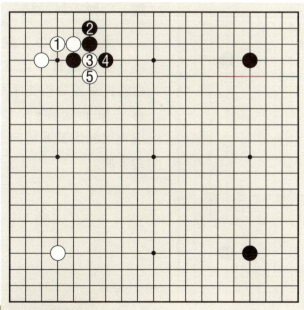

图4 严厉的断

图4 严厉的断

白1退，防备黑棋打吃，黑2下立虽能防止白棋在此扳，但白3断，黑棋不好。一般情况下，二线被称为死亡线。由于棋子的活动空间有限，在布局阶段一般都不这么下。

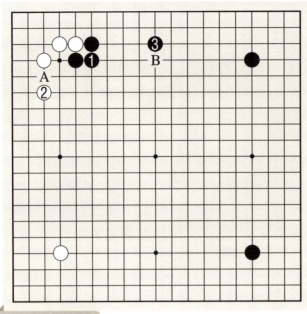

图5 接是正着

图5 接是正着

黑1接是稳妥的补棋手段，如果白棋在此断黑棋，对黑棋来说作战极为不利。所以接是正确的下法。白2跳是必然的出头手段，可以防止黑A搭。其后黑3拆或于B位跳都是基本定式。

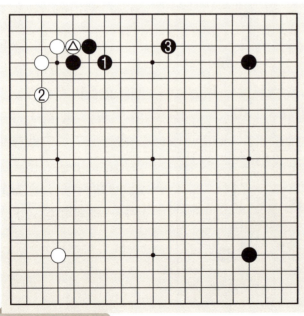

图6 另一种补法

图6 另一种补法

黑1虎，白2跳，黑3拆都是基本定式。白△托则使白棋先手获得了角上的实利，黑棋也可利用其厚势向上边发展。

问题 4 压的应对

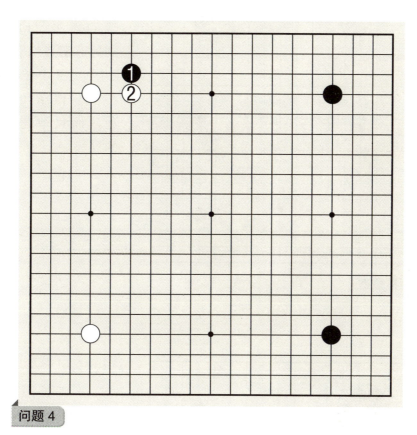

问题 4

　　黑先。黑1挂,白2压。白棋通过白2压加强自己,并有意向中腹扩展势力。但是白棋在得到加强时,也使黑棋得到加强,那么白2压后,黑棋最好的应对方法是什么?

图1 黑棋缓手

黑1退是缺少气魄的缓手。白2虎挡则是非常强的应手。黑3拐，白4长。白棋不但获得了角上的实利，而且取得了很强的外势。

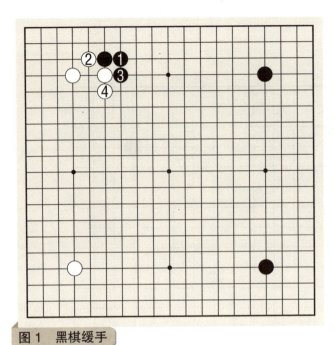

图1 黑棋缓手

图2 白棋坚固

黑1长阻止白棋虎，但使白棋走厚，是疑问手。黑3后手扳，意在向中腹发展，白4挡不仅使白棋获得了巨大实利，而且使黑棋产生了A位断点。

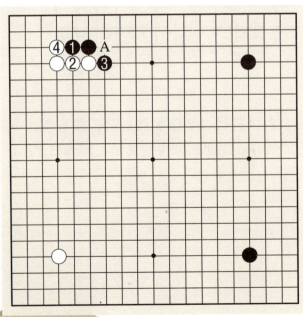

图2 白棋坚固

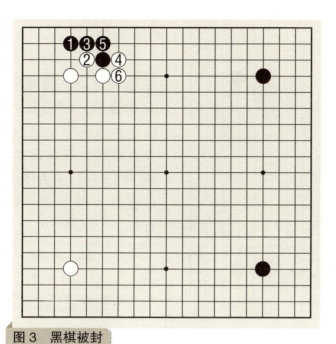

图3 黑棋被封

图3 黑棋被封

黑1飞有点过于重视实利。白2虎,黑3连,白4先手打是好手。这番激战到白6暂告一段落,结果是黑棋虽然获得了一定的利益,但由于被封锁在低位,黑棋反而不利。

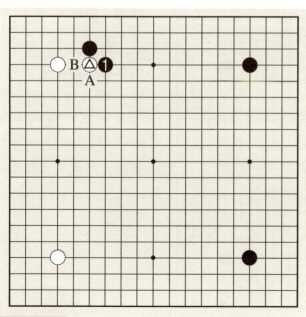

图4 正解

图4 正解

黑1扳是正确的应手。其理由是黑棋可以在A位或B位打,先手使黑棋走顺畅。一般情况下,对方靠时,扳住对方,其后还有打吃的手段,因而这里扳是正确的。

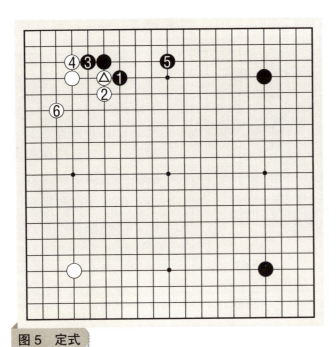

图5 定式

图5 定式

黑1扳，白2长以防被打吃，是最基本的定式。黑3是白棋虎的要点，以后直至白6均为基本定式。由于白△压使双方棋均走强，各获得了一些目数。

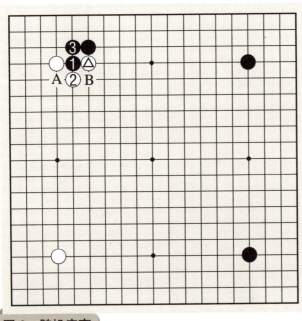

图6 随机应变

图6 随机应变

白△压时，黑1挖的手段也能成立。白2打，黑3接即可，白棋留有A和B两处断点，但以后变化非常复杂，不能随便使用。

问题 5　靠的应对（一）

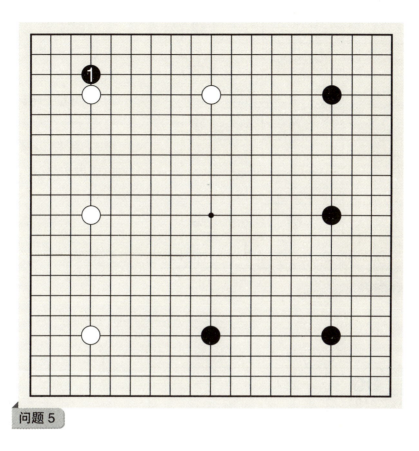

问题 5

　　白先。在对方的势力范围内，黑1意在通过靠来加强自己的势力。但黑1其实是一种过激的手段，如白棋应对正确，不仅可使黑棋愿望落空，而且可使自己走厚。因此，黑1的这种手段不能随便在布局初始阶段使用。那么，白棋的正确应手在哪里呢？

图1 黑棋轻易得到安定

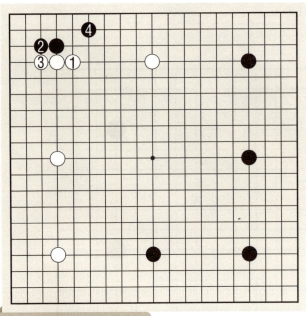

图1 黑棋轻易得到安定

白1长是缓手。白自身的势力足够强大，应积极应对。黑2长，防止白棋在此扳，白3挡，黑4飞，黑棋轻易得以安定，而白棋收获不大。

图2 定式还原

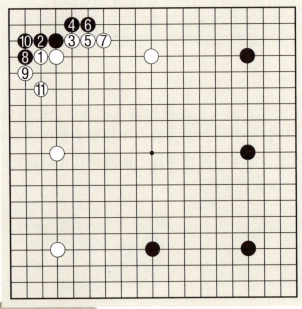

图2 定式还原

白1立缺少气魄，黑2挡确保了黑棋根据地的安定。白3至白11是基本定式。白棋得到外势，黑棋获得实利。

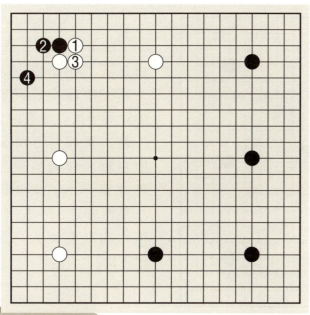

图3　黑棋被封

　　黑棋靠，白棋从任何一方扳都是基本行棋方法。白1外扳是重视外势的手段。黑2立，不但可以获取角上的实利，而且可以轻松安定。白棋多少有点缺憾，在这种棋形中，应通过攻击对方来占取优势。

图3　黑棋被封

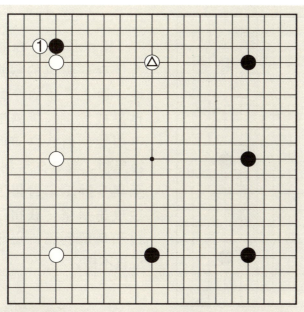

图4　正解

　　本图中，白1内扳比较好。白1占据根据地的要点之后，可以把黑棋压向边路，并对其攻击，由于白△处于攻击位置，以后黑棋的旅途将非常痛苦。

图4　正解

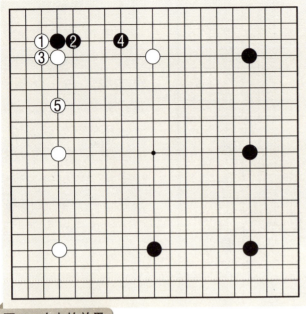

图5 攻击的效果

白1扳，黑2长，白3接，补断点。这一系列手段均是沉着的对局手法。如果白3不接，黑棋从3位分断白棋，白棋的战斗将非常不利。黑4拆二获得安定，白5跳，但白棋获利太大，黑棋不满。

图5 攻击的效果

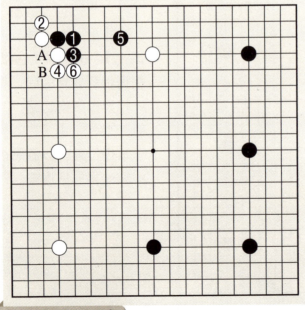

图6 占取根地要点

黑1长时，白棋为了夺取黑棋的根据地，白2下立的手段也是成立的。黑A断不成立，白B打可吃掉黑棋。黑3先手拐，至黑5拆二，白棋通过攻击黑棋，获得了边和角的利益，心情应该不错。

图6 占取根地要点

问题 6　靠的应对（二）

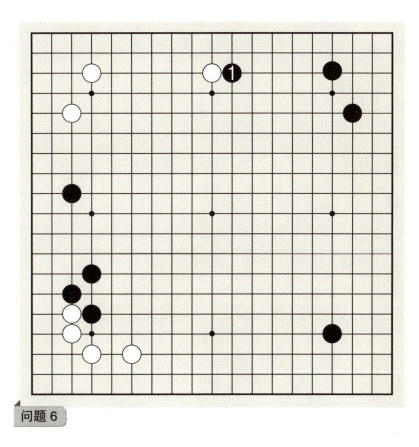

问题 6

白先。黑 1 靠，意在右上边围地，但同时可能使对方的棋走厚。白棋应该如何应对？

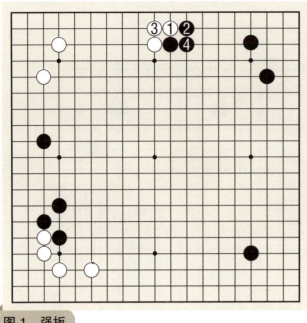

图1 强扳

首先看一看白1扳的变化。白1扳显然勉强，黑2反扳是好手。白3接，黑4同样接，左上边的白棋虽很大，但右上边黑棋已走结实。这种结果白棋不乐观。

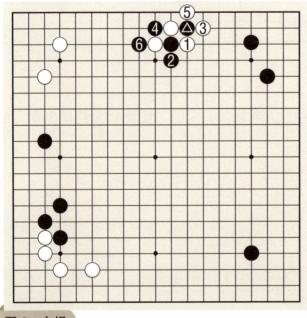

图2 白损

黑⊕反扳时，白1、3打吃黑棋一子是短视的行为，被黑4、6征吃白棋一子，白棋不满。虽然双方都吃一子，但黑棋所吃一子价值更大些。

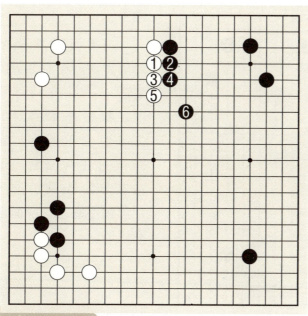

图 3　气势不足

当对方靠时，一般在靠的子与其他棋子有配合时，己方不能扳。但在本图中，黑棋单靠，白 1 长就显得气势不足。此后黑 6 飞，右上部黑棋太大，白棋不满。

图 3　气势不足

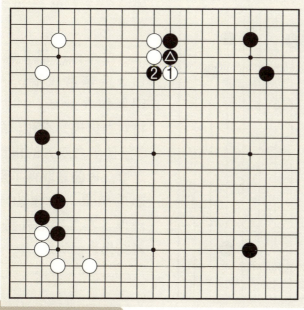

图 4　复杂的对攻战

黑△长时，白 1 果断扳头，之后的战局将非常复杂。由于黑棋在右上角有子力呼应，白棋会有所顾忌。

图 4　复杂的对攻战

图5 正解

白1扳是正确的对局方法。在对方靠的情况下，除非特殊情况，扳是基本的对局方法。白1扳后，黑棋虽可在A位断，但白在B位长后，作战对黑棋不利。这前面已有说明。

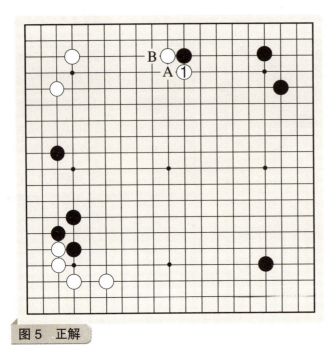

图5 正解

图6 双方最好的对局方法

白1扳，黑2退，白3接非常重要，否则黑棋在此断，作战将对白棋极为不利。白3接使黑白双方的棋都走厚。黑⨀靠取得了理想的结果，白棋由于获得了左上部的外势，对结果也很满意。

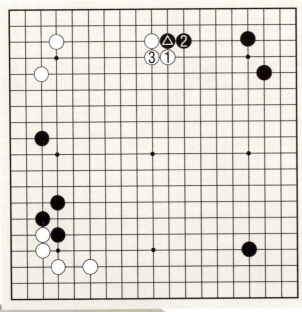

图6 双方最好的对局方法

问题 7　靠压的应对

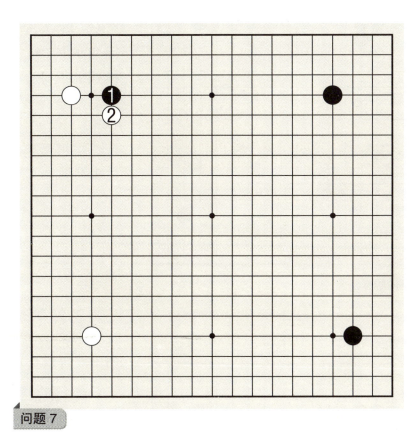

问题 7

　　黑先。本图是黑 1 高挂，白 2 靠压的图形。白 2 靠压的意图是重视左边和中腹的发展，并通过靠压来巩固自己。黑棋如何应对？

图1 坚固的棋形

黑1长显得缺少气魄。白2顶，在巩固角的同时，也使白棋棋形完整。黑3拐头，意在抑制白棋的扩张，但白4挺头，使白棋棋形非常舒畅，黑棋不满。

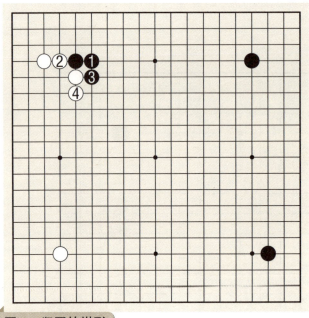

图1 坚固的棋形

图2 白棋满意

黑1顶，黑3扳是图谋角上实利的下法。白4接是沉着的应手，黑5长，防止白棋扳二子头，白6扳，白棋成为角的主人。白棋满意。

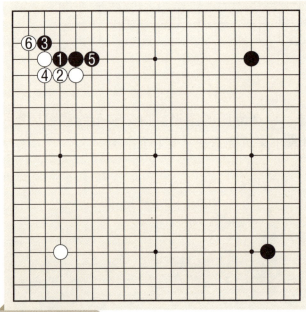

图2 白棋满意

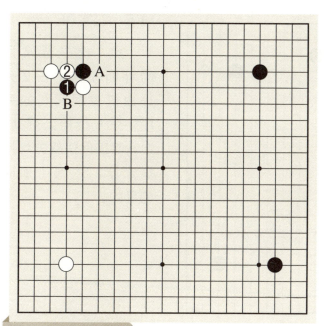

图3 黑棋作战不利

图3 黑棋作战不利

黑1扳，白2断，黑棋作战不利。双方互断时，任何一方率先长则更有利，这个原理在此同样适用。此后黑棋有A和B两处负担需要解决。

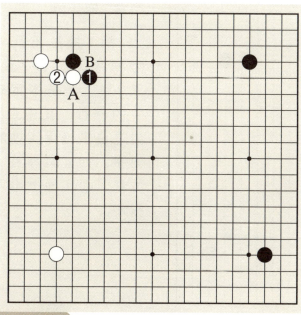

图4 正解

图4 正解

本图中黑1扳是正确的对局方法，白2补防打是必然的手法。白2在A位长避免被打吃的手段同样成立。白2之后，黑棋如何处理黑B的弱点，将成为焦点。

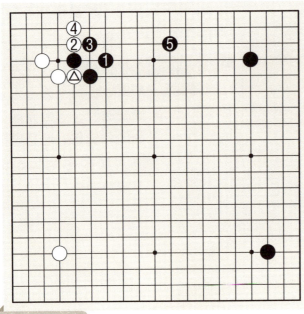

图5 取实利

图5 取实利

黑1虎是最常用的补断手法。白2夹是白棋重视实利的手段，黑5拆恰到好处。白△靠压促使双方均把棋走厚，达到了预期的目的。

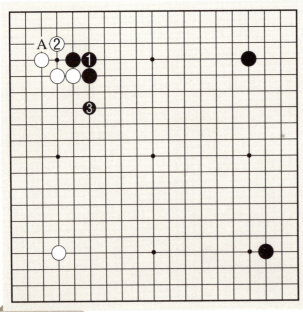

图6 取外势

图6 取外势

黑1接是重视外势的手法。白2尖，黑3跳，是基本定式中的一种。其中白2尖是白棋确保实地的要手，如让黑棋在A位托，则实地上出入很大。

问题 8 长的应对（一）

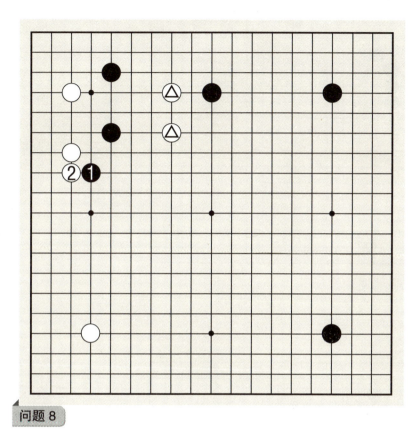

问题 8

黑先。本图中黑 1 飞压可能使白棋走厚，并取得实利，但黑棋真正的目的是攻击白△二子，黑 1 飞压后白 2 长，接着黑棋又该如何应对？

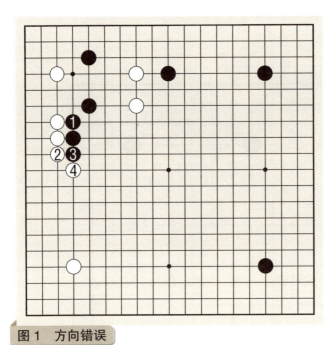

图1 方向错误

图1 方向错误

黑1不向开阔地域扩展，反而后退是严重错误。白2长意在防止被黑棋扳住，黑3压，白4扳又是好手。黑棋虽然巩固了自己，但结果却使自己不利。

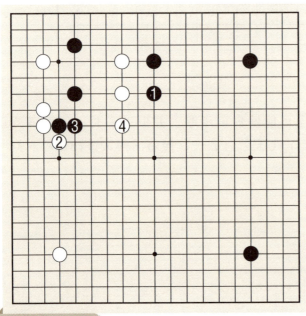

图2 黑棋不满

图2 黑棋不满

一般情况下，对方靠或尖冲时，己方都应该予以应对，这是对局的基本常识。黑1跳无视这种基本常识。白2先手扳对黑棋极为不利。黑3无奈只有长，当白4跳时，黑棋非常不满。

图3 无理的扳

白△长是和其他棋子配合的手段。黑1扳绝对无理。白2断则使黑棋处于被攻击地位。双方互断的棋形,由于白棋率先形成长的棋形而使白棋进攻有利。

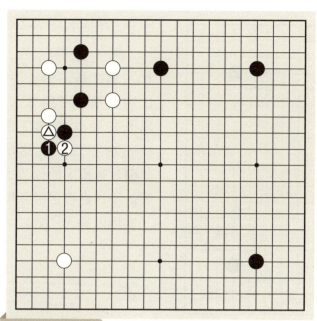

图3 无理的扳

图4 正解

当白棋和其他棋子配合形成"靠"的棋形时,黑棋不能扳。黑1正是在此原则的基础上巩固自身的手段。此后白棋由于会被黑A封住,非常痛苦,如何出头是关键。

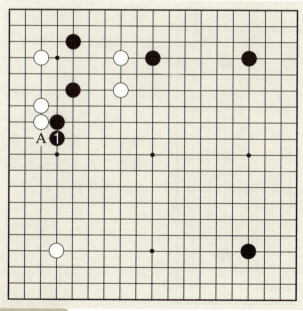

图4 正解

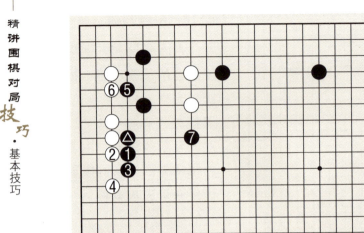

图5 预定的作战计划

图5 预定的作战计划

黑1挺头,白2长,黑3长,白4跳,这均是基本对局方法。黑5先手尖,黑7镇攻击白棋二子,这是黑▲时就预定的作战方案。不过白棋已经获取了实地,并无不满。

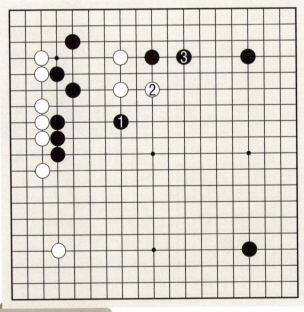

图6 出头的要点

图6 出头的要点

黑1是阻拦白棋向中腹扩展并攻击白棋的要点。如果2位再被黑棋轻易占取,白棋处境非常危险。黑3补也是为了挽回黑棋在左边失去的实利。

问题9 长的应对（二）

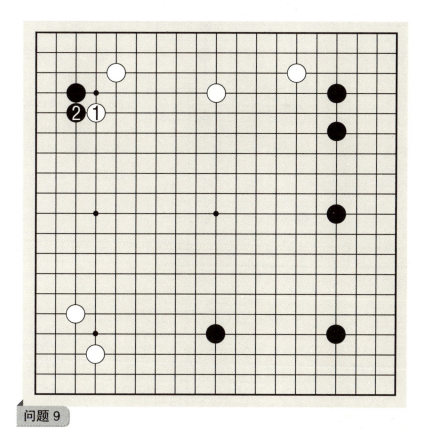

问题9

白先。白1飞压，意图是在巩固自己的同时，将上边全部纳入自己的势力范围。黑2理所当然地长，否则黑棋更为不利。现在的问题是下一步白棋应如何应对？

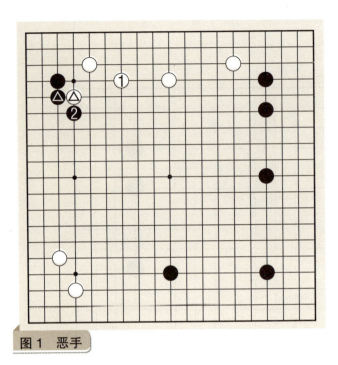

图1 恶手

图1 恶手

当对方靠时，脱先大多会招致损失，黑▲可视为靠白棋。白1虽是保边上实空的手段，但却使白△成为恶手。如果白△和黑▲没有交换，白1补是正确的。

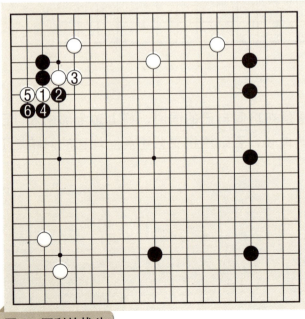

图2 不利的战斗

图2 不利的战斗

白1扳，黑2断，战斗对白棋不利。白3长补断点，黑4打，白1已无路可逃，至黑6，白棋损失很大。

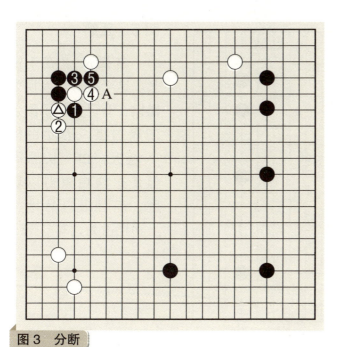

图3 分断

图3 分断

黑1断时，白2长意在救活边上白△子，黑3打，黑5冲，均为好手。由于A点的缺陷，白棋两块棋被分断，十分危险，因此，白△扳是无理之举。

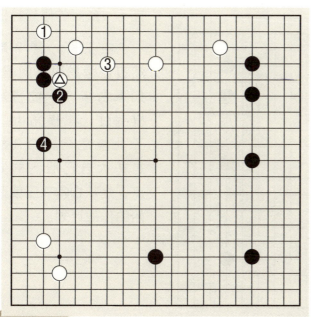

图4 恶手

图4 恶手

白棋在1位飞则方向错误。黑2扳是针对白棋脱先的进攻手段。扳之后，黑棋棋形很坚实，至黑4告一段落之后，可以看出白△成恶手，白棋不满。

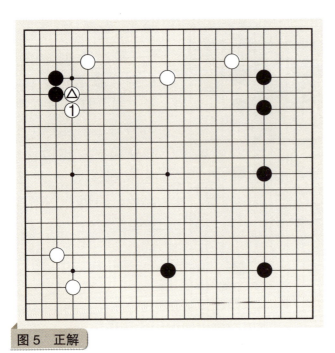

图5 正解

图5 正解

白棋应该在1位长。这个棋形可以视为黑棋在有己方棋子配合下靠白棋，因此白棋不能扳。白1长后不但使这块白棋得以巩固，而且很自然地将上边空占为己有。

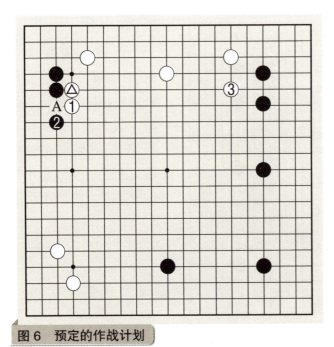

图6 预定的作战计划

图6 预定的作战计划

白1长，黑2当然应该考虑出头问题。如果白棋在A位将黑棋封住，黑棋角上二子处境危险。白3跳是扩大自己版图的要点，是从白△飞压就开始的作战计划。

问题 10　长的应对（三）

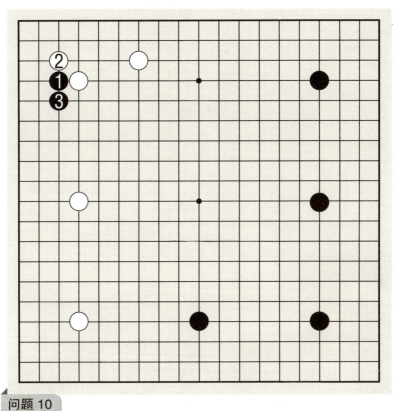

问题 10

　　白先。黑 1 靠，意在巩固自身，这是围棋高手经常使用的手段。但是黑 1 靠的缺点是在巩固自身的同时，也使对方得以巩固。白 2 扳是重视实利的手段，黑 3 长时，白棋该如何应对？

图1 黑棋轻易做活

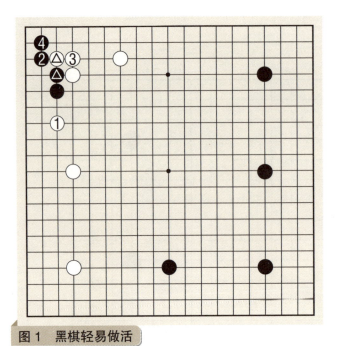

图1 黑棋轻易做活

白1是防止黑棋在左边成空的手段。但黑2扳即成活形，对白棋不利。以后到黑4为止，黑棋不但做活，而且成了小空。这种棋形可视为黑棋利用原有棋子靠，而白棋脱先形成的结果。

图2 白棋不满

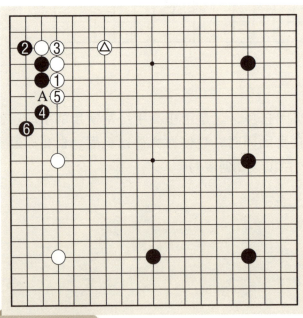

图2 白棋不满

白1的目的是防止黑棋向中腹出头，但被黑2扳，白棋极不舒服。黑4跳，白5占据虎的位置，黑6是补A位断点的要点。这种结果虽然白棋外势很强，但白△使整个白棋有拥挤的感觉。

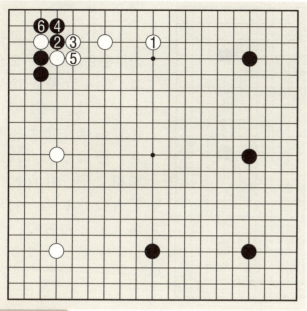

图3 白损

白1拆二对白棋不利。黑2断是进攻白棋的要点。黑棋一侧的棋已长出，但白棋却未能长，白3、5之后，白棋丢掉角上一子，而使黑棋在角上获得了巨大实地，白棋自然不满。

图3 白损

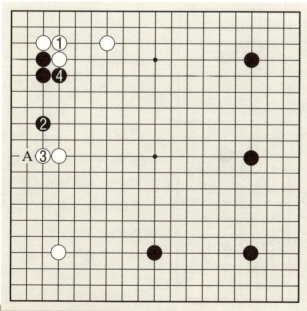

图4 黑棋轻易做活

白1接是补自己缺点的沉着手段。但黑2跳使黑棋轻易做活。白3立的目的是防止黑棋在A位飞，是巩固白棋左边阵地的要点。黑4拐使这局部告一段落，结果是白棋显得过于平淡。

图4 黑棋轻易做活

图5 正解

角上的棋形可视为黑△和原有黑子配合靠。白1立是正确的应对方法。白1不仅保证白棋在角上的利益，而且还伺机攻击黑棋二子，并且补掉了A位的缺陷。如果黑A断，白B打，黑棋不成功。

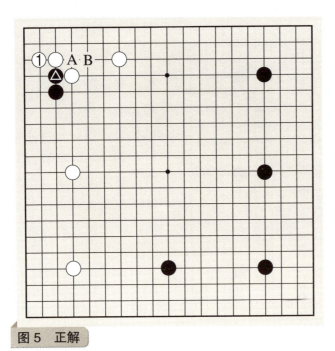

图5 正解

图6 攻击的效果

白1立，黑2先手拐后，黑4拆二。白5不仅是封住黑棋向边上扩张的要点，同时也是进攻的要点，接着黑6跳，到白7为止，白棋通过进攻，获得了左上角和左边的利益。

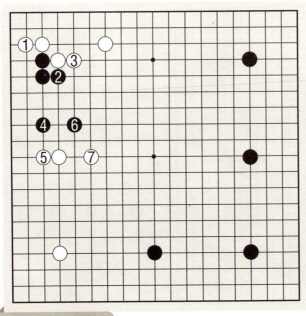

图6 攻击的效果

问题 11　贴的应对

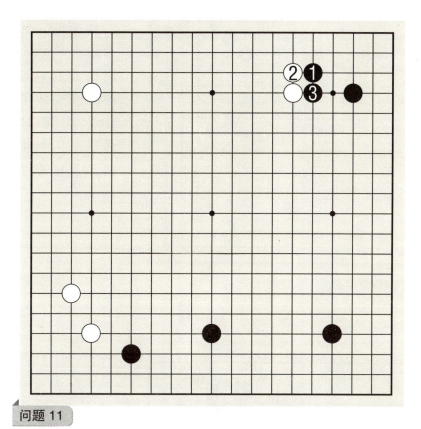

问题 11

白先。黑 1 飞是重视实利的手段。白 2 立挡是必然的应对手段。问题是黑 3 贴时，白棋应该怎么办？周围棋子的强弱对棋局的未来走向非常重要。

图1 白棋棋形萎缩

白1拆三，意在上边成空，但黑2扳头过于严厉。白3扳，黑棋不在A位长，而在4位连扳的手段是成立的。黑棋的棋形比较活跃，白棋棋形萎缩，这是黑2扳头的结果。

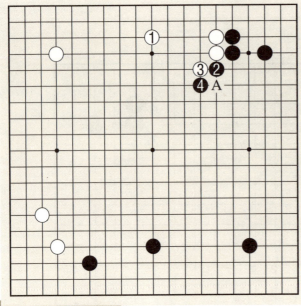

图1 白棋棋形萎缩

图2 黑棋收获大

白1、3是扳头的要点。但由于是在2线上，白棋心情不太好。黑4挺头，防止白棋在此扳头，不但补住了角上的断点，而且还获得了相当大的实地。

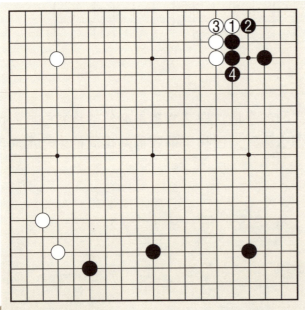

图2 黑棋收获大

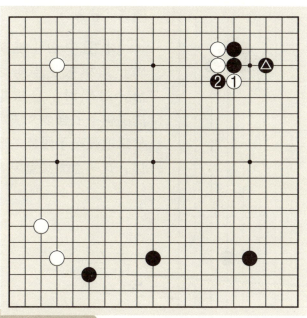

图3　白棋无理

图3　白棋无理

白1虽然是扳头的要点，但由于黑棋有黑△配合防守，所以作战对白棋不利。如果没有黑△，白1是当然的要点，但目前的情况是白1不成立。

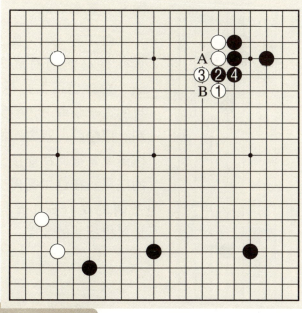

图4　白棋有断

图4　白棋有断

白1跳意在加快速度扩张地盘。但是黑2挖，黑4接，使白棋产生了A和B两处断点，白棋形势不利。

图5 正解

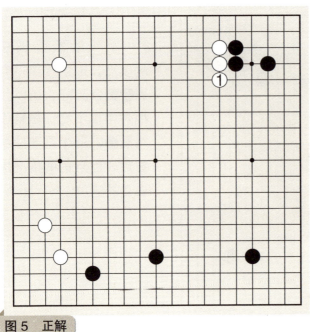

本图中白1挺头防止黑棋扳是当务之急。对局时,应根据周围棋子的强弱来决定是采取强硬手段还是退让,这一点尤其重要。

图5 正解

图6 基本定式

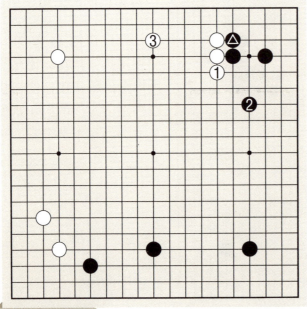

白1挺头,黑2大飞是必然的对局方法。白3也在上边拆,目的在于获取上边的实利。黑后,双方均把棋走厚是彼此都能接受的结果。在这里需再次强调的是,白1是防止黑棋扳头的要点。

图6 基本定式

问题 12　爬的应对

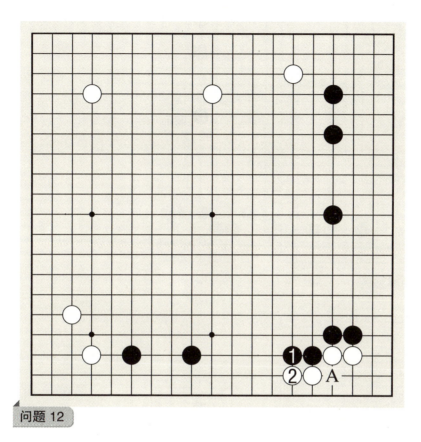

问题 12

　　黑先。本图是右下角星位定式中的一种对攻定式图。黑 1 长是防止白棋打吃的要点，白 2 爬虽然是在 2 线，但此位置如被黑棋拐住，白棋无法接受。现在的问题是下一步黑棋应下在什么地方？

图1 白棋强扳

黑1立是黑棋重视右边实利的手段。但让白2扳头，黑棋很痛苦。黑3扳，白4连扳是强手。黑棋由于有A位被双打的断点，所以只能退让。

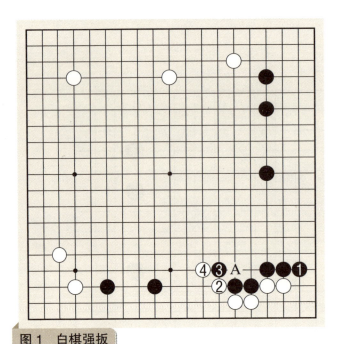

图1 白棋强扳

图2 无理的扳

黑1虽可将白棋封住，但是白2断，使黑棋棋形非常不好。黑3无奈只有长，白4扳，黑5挡交换后，白6打是绝好的手段。进行到白8，黑棋有A和B两处缺陷，首尾不能兼顾。

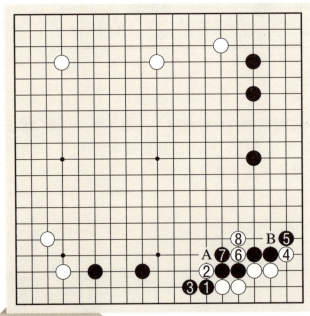

图2 无理的扳

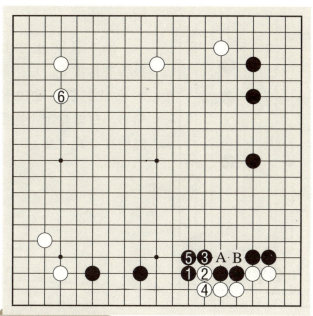

图3 扳头的棋形

图3 扳头的棋形

黑1跳，意在加快联络的速度，白2、4挖接，白棋形成扳头的棋形，黑棋不利。黑5接后，黑棋依然有A和B两处断点，白棋脱先在6位跳，白棋的局面非常活跃。

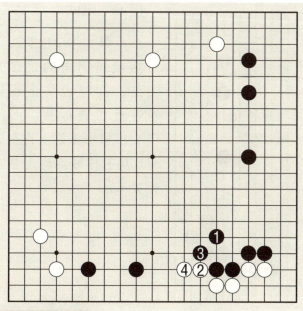

图4 消极防守

图4 消极防守

黑1跳补过于消极。白2扳头，同样是要点，随后黑3虎，白4长非常沉着。白棋不但确保了边上的实利，而且头还露在外边，白棋满意。

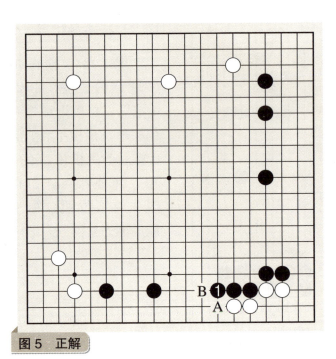

图 5　正解

图 5　正解

黑 1 长防止白棋扳头非常重要。白棋基本已被封住。白 A 则黑 B，白棋肯定不愿委屈地在 2 路上爬。

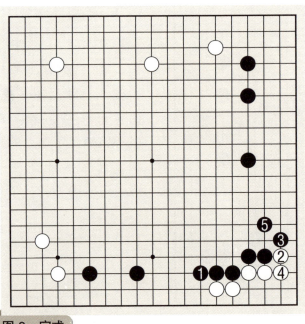

图 6　定式

图 6　定式

黑 1 长，白 2、4 扳接是活角的正确方法，同时也防止黑棋在此位置扳头，而使白棋棋形太瘪。直至黑 5 虎补住断点均是基本定式。

问题 13　挡的应对

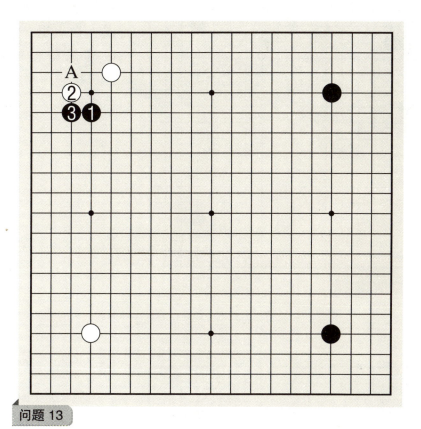

问题 13

　　白先。黑 1 挂是想要获取外势的手段。白 2 飞的目的是确保角上实利，否则黑棋在 A 位飞，角上的差距很大，黑 3 理所当然地挡住，接下来白棋应如何下才能确保角上的实地？

图1 适当的间隔

白1退是方向错误。白1退，虽然可以确保角上的利益，但黑棋正好立二拆三，白棋不满。

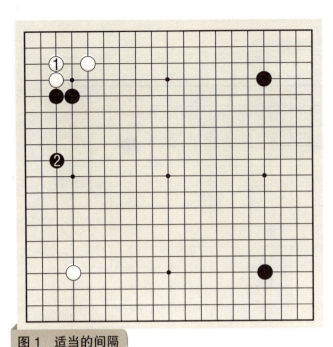

图1 适当的间隔

图2 次序分析

我们通过本图中的次序分析，看看白棋为何不满。

我们假设△△是原有的棋子，黑1拆三，由于有A位的缺陷，多少有点危险。但是白2顶，黑3长，A位弱点自然被化解了。而黑3这一手的价值就很大，与之相比，白2的价值就小了。

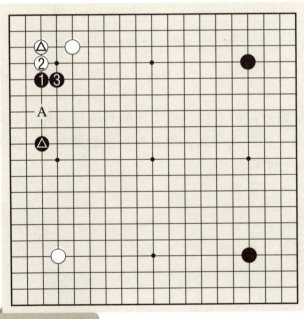

图2 次序分析

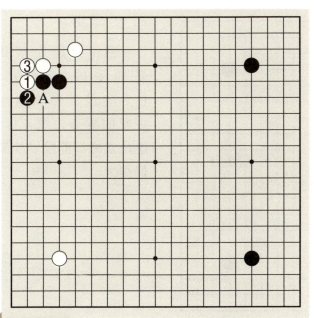

图 3　缺点

图 3　缺点

白 1 扳,黑 2 挡,白 3 接即可确保角上的实地,黑棋留下 A 位断点是白棋的成功之处。但是如果只有白 1 一子时,极易给黑棋造成反击机会,而使白棋不能如愿。

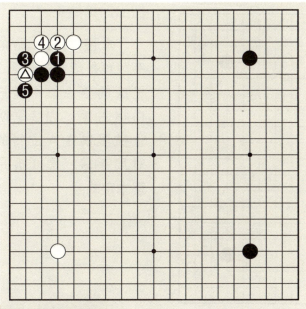

图 4　黑棋的反击

图 4　黑棋的反击

白△扳时,黑 1 冲的反击手段是成立的。白 2 挡,以防止被分断,黑 3 打,黑 5 再打吃白△子,结果是白棋损失惨重。对局时,如对方变着,应予以认真考虑。

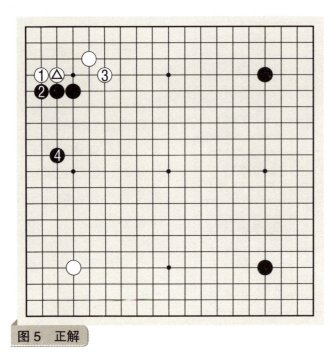

图 5　正解

图 5　正解

白 1 立是比较稳妥的手段。黑 2 挡，白 3 尖是使白棋棋形完整的要点，黑 4 拆，这是双方都能接受的最好结果。

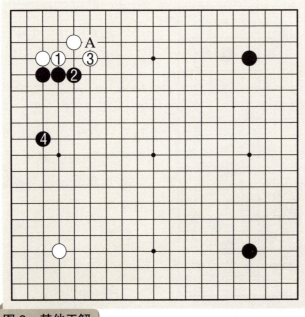

图 6　其他正解

图 6　其他正解

本图中白 1 贴的手段也是成立的。黑 2 是虎的要点，不能被白棋占据，白 3 是防止被黑棋在 A 位封的对局手段。黑 4 拆是基本定式。

二、根据地

问题 1　生根 ▶▶

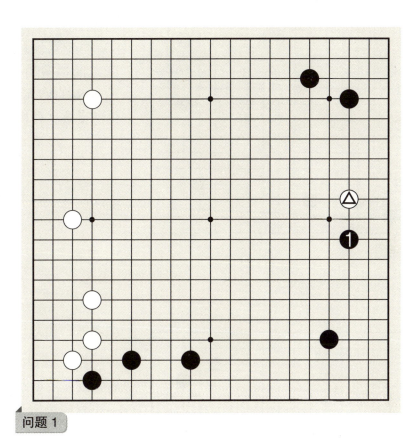

问题 1

　　白先。白棋现阶段的对局目标是寻找巩固白△的方法，而其中最重要的是确保有两个眼位。本图中黑1已将白棋一侧的退路封死，白棋该如何应对？如何生根？

图1 无根

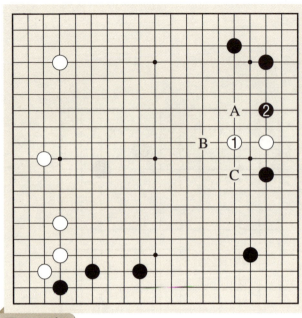

图1 无根

白1跳意在向中腹发展。白1跳后，白棋的进路可在A、B、C三点中选择，并不受攻，但黑2拆二破坏了白棋的眼形，白棋仍然受攻，白棋不满。

图2 白棋过于拘束

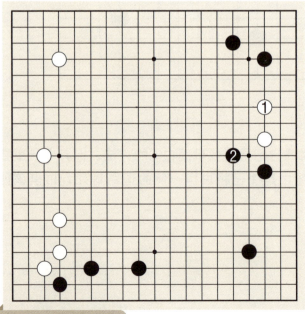

图2 白棋过于拘束

白1拆是在边上寻求发展的手段。但拆一仍然眼位不足。黑2飞继续攻击白棋，并且有希望扩张右下边黑棋的势力。

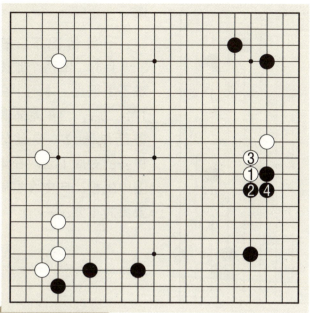

图3 帮对方走棋

图3 帮对方走棋

靠是一种使自己的棋子得以安定的常用对局手段。白1便是这个意图,但是靠在使己方棋加强的同时,也会使对方的棋走厚。到黑4为止,黑棋得以巩固,结果对白棋不利。

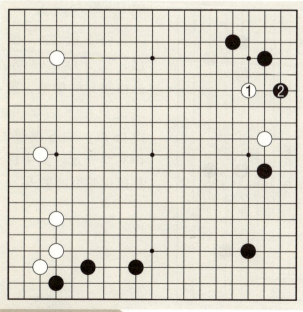

图4 根据地的急所

图4 根据地的急所

白1大飞是准备向边和中腹发展的手段。黑2飞是破白棋根据地的要点,白棋形势不妙。白棋在边上不能做眼,必须向中腹逃跑。

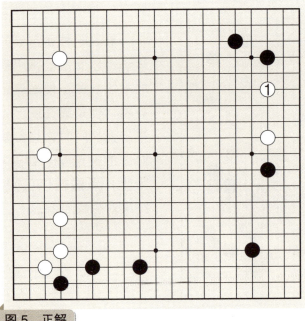

图5 正解

一般情况下，在3线上拆二做两个眼困难不是很大。本图中白1拆二后，白棋基本具备活棋眼位，是比较稳妥的对局下法。在本图中生根比向中腹发展要更为重要。

图5 正解

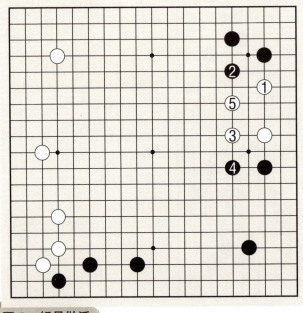

图6 轻易做活

白1拆二，黑2跳，白3跳出是防止白棋被封的手法。黑4跳是巩固下边黑棋的绝好点，白5跳使白棋完全安定。其中白1是确保眼位的要点。

图6 轻易做活

问题2 安定

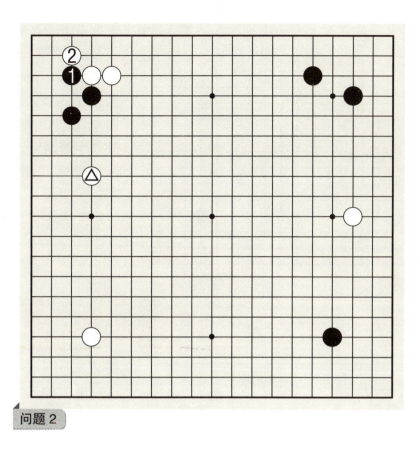

问题2

黑先。黑1虎,白2扳,黑棋的三子由于有白△的存在,左边的发展出路被堵,黑棋如何才能使自己安定下来?

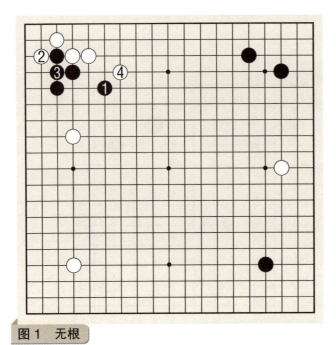

图1 无根

黑1跳是黑棋向中腹发展的强有力的手段,但被白2打吃之后,黑棋缺少眼位,黑棋不满意。黑3接,白4飞攻,黑棋仍然须在中腹游窜,且黑3接是愚形,黑棋当然不利。

图1 无根

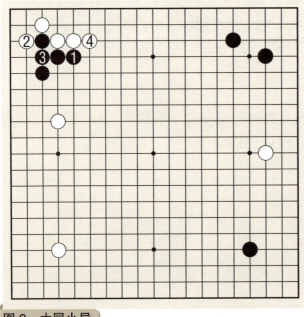

图2 大同小异

黑1长,白棋在白2打,黑棋仍然很痛苦。白4长防止黑棋在此扳头,黑棋仍然无根。黑3后手走成愚形,在对局中千万要避免。

图2 大同小异

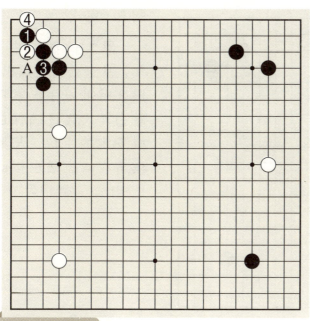

图3 无理的扳

黑1扳，白2、4吃掉黑棋一子，黑棋损失太大。黑3接又成愚形。白2打吃时，黑3虽可在A位虎，与白棋形成打劫，但由于劫材不足仍然无理。

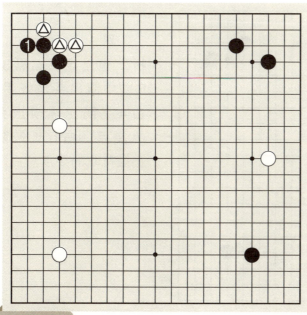

图4 正解

黑1应该无条件立。黑1不仅是确保眼位的要点，同时也是避免出现愚形的基本对局手段。黑棋立后，眼位已基本形成，白棋反而要应尽快处理白△三子。

图5 定式

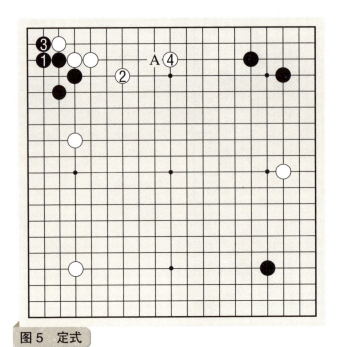

图5 定式

黑1长时,白2飞,从远处封住黑棋。黑3拐是好手,紧接着白4大飞是确保白棋安定的手段,与黑棋下在A位破白棋眼位相比,差距很大。

图6 其他定式

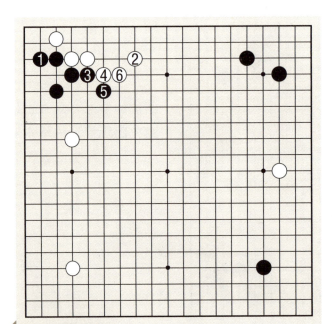

图6 其他定式

黑1长时,白2拆二也是定式。黑3、5向中腹出头是好手,白4是防止黑棋扳头的要点,白6长是防止被打吃的要点。

问题3　方向选择 ▶▶

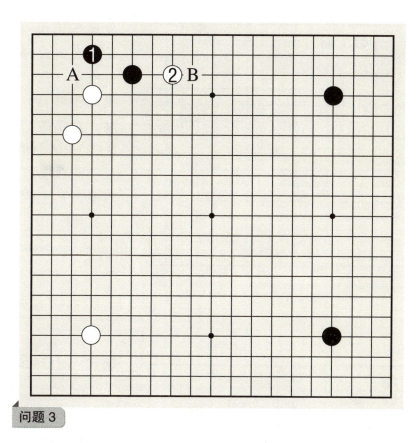

问题3

　　黑先。本图是左上角星位定式的变化图，黑1飞，白2拦。白2如下在A位尖，黑棋在B位拆是基本定式。本图中黑棋最好的应对方法是什么？

图1 缺少根据地

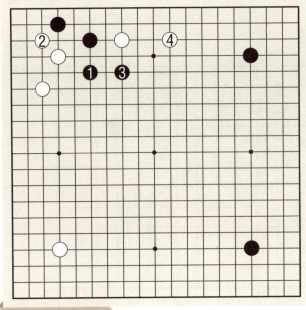

图1 缺少根据地

黑1跳是向中腹发展的有力手段，但是白2尖是破坏黑棋根据地的要点，使黑棋漂泊不定。黑棋不满。黑3跳，虽然开阔了出路，但白4拆二，使白棋得以安定，黑棋四子已成为白棋攻击的目标。

图2 封住出路

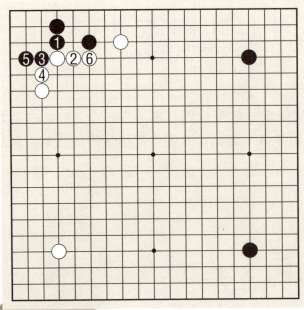

图2 封住出路

黑1顶使自己走厚，白2长是棋形上必然的要点。到白6为止，黑棋虽然安定，但已被白棋封在角上，白外势很厚，黑棋不满。

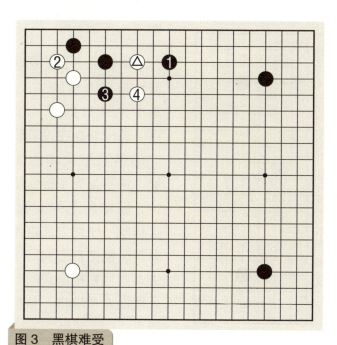

图3 黑棋难受

图3 黑棋难受

黑1夹攻的目的是破坏白△的眼位,但白2尖也破坏了黑棋二子的眼位。黑棋形势不利,黑棋唯一的出路是向中腹逃跑,白4跟着跳,黑棋负担太重。

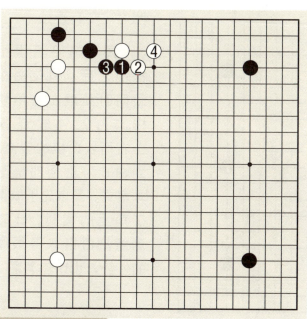

图4 帮对方走棋

图4 帮对方走棋

黑1靠的目的是巩固自己。但到黑3为止,黑棋在巩固自身的同时,也使白棋走厚。白4虎的棋形极好。黑棋在此处的交换没有收获,应寻找不使对方棋走厚,又能使自己安定的办法。

图 5　正解

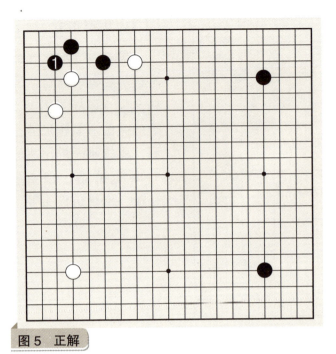

图 5　正解

谁先点三三就意味着谁将成为角的主人。黑1尖是根据地的要点。黑棋与其在没有眼位的情况下向中腹发展，还不如先手确保眼位，获取角上的实利。这样既不使对方的棋走厚，又能使自己安定下来。此后白棋必须同时处理左右两块棋，负担很重。

图 6　左右连接

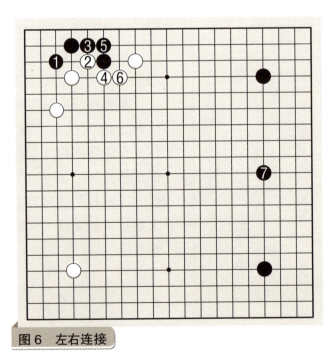

图 6　左右连接

黑1确保黑棋根据地之后，迫使白棋须同时处理左右两块棋。白2、4是连接左右两块白棋的要点，到白6为止全部是基本定式。黑棋先手取得了角上的实利，比较满意，白棋取得很厚的外势，也比较满意。

问题 4　建立根据地（一）

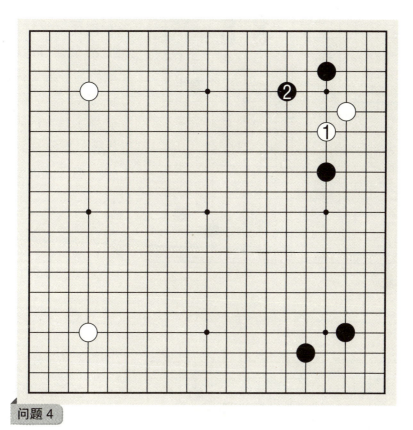

问题 4

　　白先。白1尖，试图向中腹发展，黑2飞，此后白棋二子的安定是问题所在，白棋应以什么方法处理最有效？要求既不使对方走厚，同时又要使自己的眼位充分。

图1 浮棋

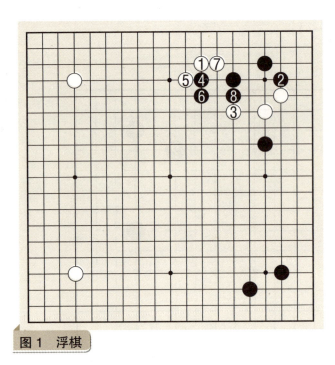

图1 浮棋

白棋置右边二子的安危于不顾,在1位拦两个黑子,是过分的行为。黑2尖不仅保证了自己的眼位,还破坏了对方的眼位。白3跳,至黑8为止,白棋右边三子仍很危险。

图2 无根

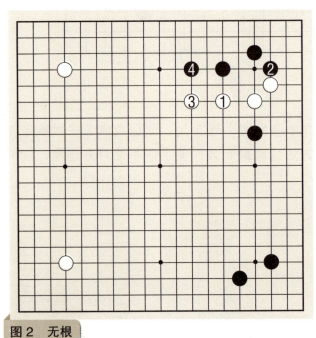

图2 无根

白1跳虽然是白棋向中腹发展的有力手段,但黑2尖破坏了白棋的眼位,使白棋无根。在没有根据地的情况下,一味图谋向中腹发展,通常都是方向错误。到黑4为止,白棋一直被动挨打。

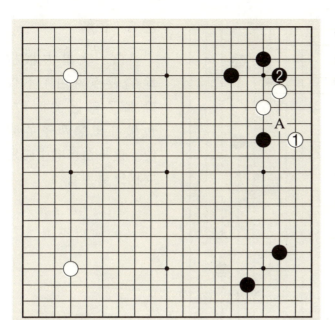

图3 有断点

图3 有断点

白1的目的是消对方空并且使自己得以安定，但是有在A位被分断的负担。黑2挡是黑棋确保角上实空的绝好点。白1根据实战情况，有时虽是有力的手段，但在本图中不成立。

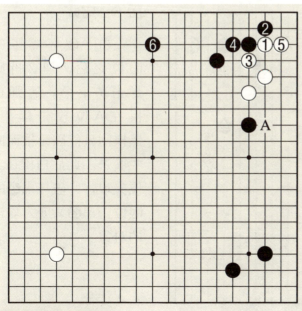

图4 使对方走厚

图4 使对方走厚

白1托虽然使自己得以巩固，但同时也使对方的棋走厚，白棋不乐意。白在A位托也是同样的意思。到白5为止，白棋的眼形已经具备，但黑6则很坚稳地占据上边的大场，白棋多少有点不满。

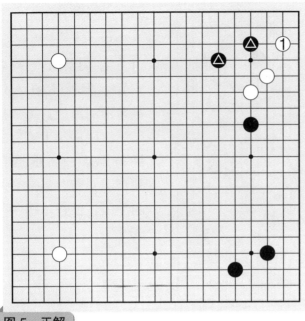

图5 正解

图5 正解

白1飞是占根据地的要点。白1不仅确保了自己的眼位,也破坏黑⚠两子的眼位。这与白棋向中腹发展相比更为有利。

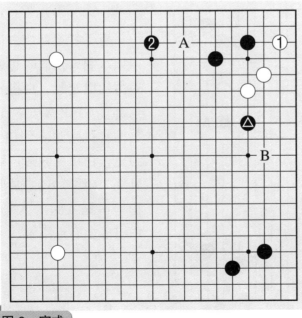

图6 定式

图6 定式

白1破坏黑棋的眼位之后,黑2拆则是当务之急,否则白棋在A位攻击黑棋,黑棋则只能因无根而向中腹逃。此后白棋在B位夹攻,又破坏黑⚠的眼位,黑⚠又成为攻击的对象。

问题 5　建立根据地（二）

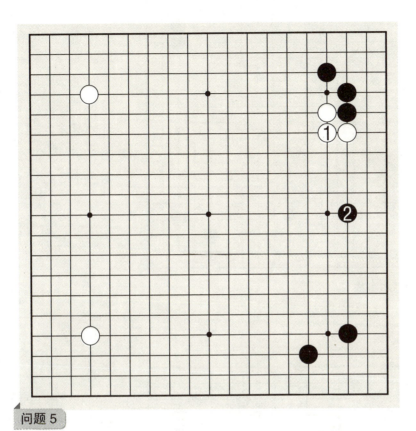

问题 5

　　黑先。白1接补断点，黑2夹攻防止白棋在此位置拆。无根的白棋怎样应对才能使自己得以安定？注意：对局时应最大限度地利用对方的弱点。

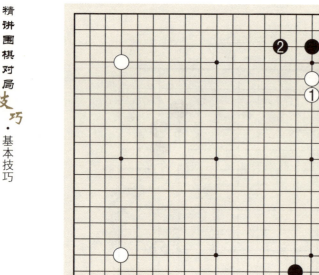

图1 基本定式

图1 基本定式

白1接，黑2跳是黑棋守边的正确手段。白3根据立二拆三的原则拆，确保自身的根据地，这是小目的基本定式。但问题图中是黑2直接拆在本图中3位。

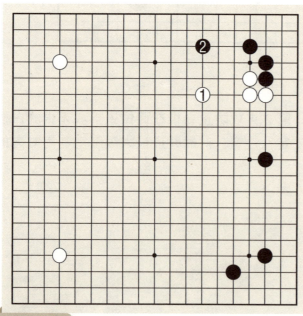

图2 无根

图2 无根

白1单纯跳，黑2跟着跳，白棋不满。这种棋形是黑棋在两侧进攻，白棋向中腹逃窜的棋形。

图3 正解

本图中白1靠阻止黑棋向外发展是最好的对局手段。白1靠时，黑2扳，白3断，作战对黑棋不利，黑棋有A和B两处弱点不能兼顾。

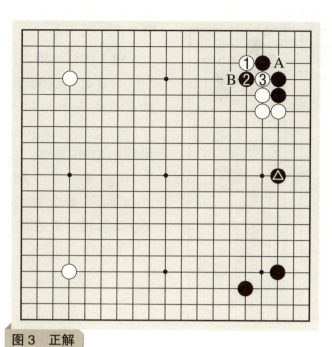

图3 正解

图4 最大的利用

白1靠，黑2在二线扳是正确的应手，白3挤又是好手。一般情况下白3会在A位长，以防黑棋打。本图中白3挤是瞄着黑棋B位断点的强硬手段。

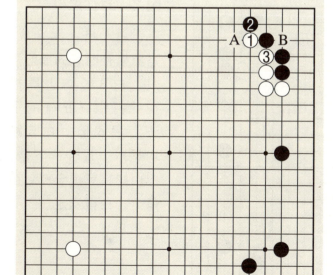

图4 最大的利用

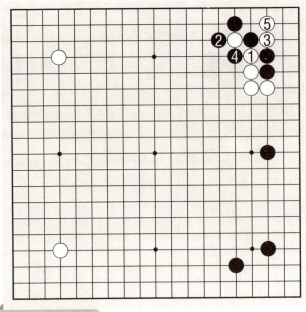

图5 实地很大

图5 实地很大

白1挤时，黑2打吃，白3反打是好手。黑4虽然吃掉白棋一子，白5立占据角上实地，白棋满意。应该注意黑2打吃时，白棋如不在3位打，而在4位接是大败着。

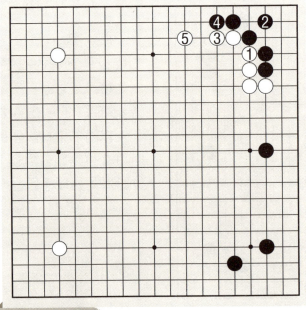

图6 封住黑棋

图6 封住黑棋

白1挤，黑2虎，是黑棋补断点的最好手段。白3长防止黑棋在此打也是正确的下法。黑4爬，白5跳均是双方最佳的下法，但白棋将黑棋全部封在角上，白棋满足。

三、出头和封锁
问题 1　处理孤子（一）▶▶

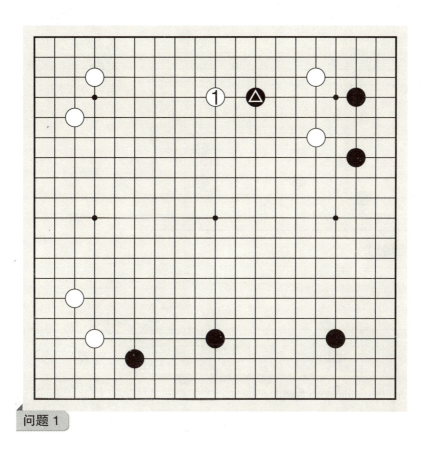

问题 1

　　黑先。白 1 夹攻，白左上角为无忧角，在角地巩固之后，白 1 不仅可以扩大自己的领地，而且还能破黑△眼位。现在的问题是黑△一子如何处理？最有效的办法是什么？

图1 黑大损

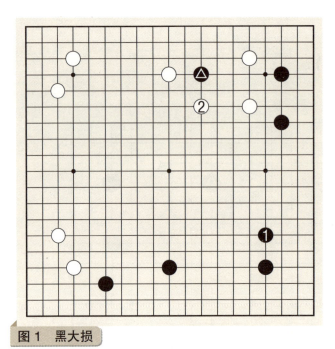

图1 黑大损

黑棋放弃上边的黑△子，而在1位跳巩固自身的既得利益，是大恶手。白2罩已将黑△封住，黑棋大损。黑棋处理上边的黑△子才是正确的方向。

图2 使对方走厚

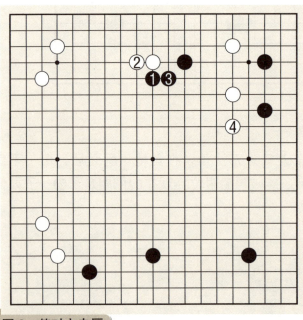

图2 使对方走厚

黑1靠是巩固自身的常用手段，但缺点是使对方的棋走厚。白2退是临机应变的好点，黑3无奈退，白4跳，白棋形势好。

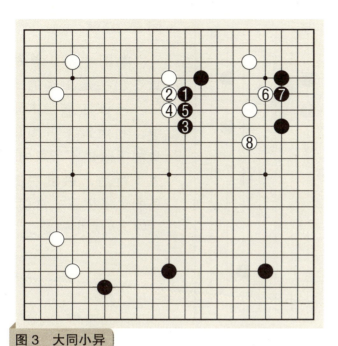

图3 大同小异

图3 大同小异

黑1尖和在2位靠的效果大同小异，缺点都是使白棋在左上边的棋走厚。白2、4争得先手后，白6、8安定右边二子，黑棋一无所获。

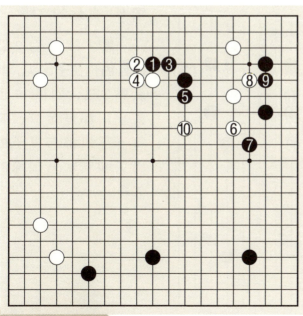

图4 帮对方走棋

图4 帮对方走棋

黑1托是巩固自身的手段，但白2、4又使白棋走厚，所以黑棋仍很别扭，尤其是黑棋仍然缺少眼位，必须继续向中腹逃窜。进行到白10，黑棋非常不利。

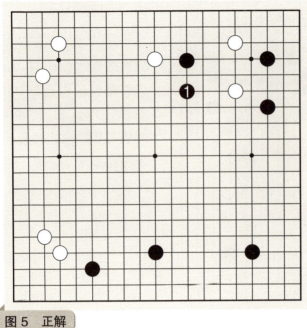

图5 正解

图5 正解

本图中黑1单跳意在出头是正确的下法。应该注意在本题中,利用靠来巩固自身的手段是不可取的,黑1跳后,白棋右上角的二子棋形非常弱,攻守之势发生转变。

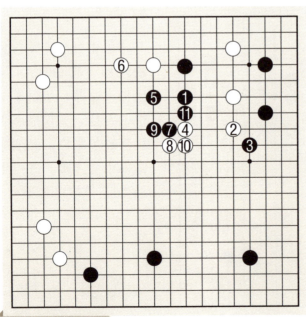

图6 此后的次序

图6 此后的次序

黑1跳,白2跳的目的也在于出头。其后黑3飞,到黑11顶为止,都是定式,其每一手棋都与棋子的出头和安定有很深的关系。

问题 2　处理孤子（二）

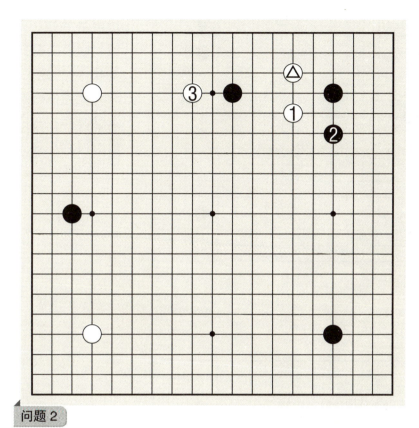

问题 2

　　黑先。白 1 单跳是白△向中腹出头的手段，黑 2 跳使黑棋获得了右上角的实利。白 3 夹攻的目的是为了挽回受损的实利，黑棋下一步最好的应对方法是什么？

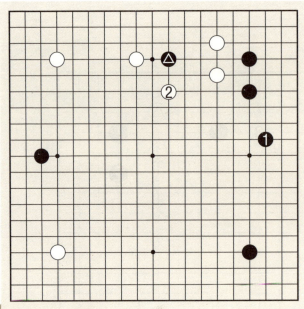

图1 封住出路

图1 封住出路

黑1是重视右边发展的手段，但是白2镇封锁了黑▲向中腹直接出头的路，黑棋不利。此后黑棋在为救活黑▲而挣扎时，白棋可借机得到加强。

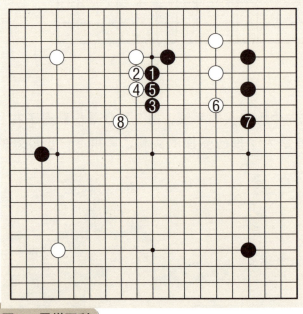

图2 黑棋不利

图2 黑棋不利

黑1尖的目的是巩固自身，并且伺机攻击右侧白棋二子。但白2、4首先扩大势力。白6跳，黑7出头是绝对手段。白8飞不仅扩张势力，而且还兼有攻击黑方的作用。白8是一石二鸟的好点，结果是黑棋不满。

图3 上边得以加固

黑1靠的目的是在巩固自身的同时，攻击白棋二子，但白2长是冷静的好手，黑棋未能如愿。白4先手跳后，白6飞，攻击黑棋三子，并且使上边的白棋大大加强。

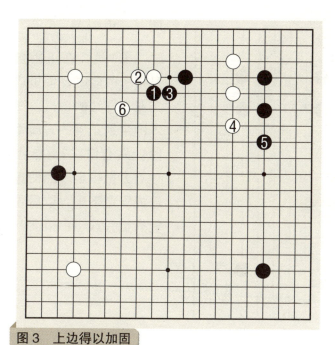

图3 上边得以加固

图4 方向错误

黑1跳虽然守住了角上的实地，破坏了白棋的眼形，但方向是错误的，白2跳和黑3交换后，白4镇是很强的攻击手段。黑5尖出头，白6飞，追攻黑棋，形势对白棋绝对有利。

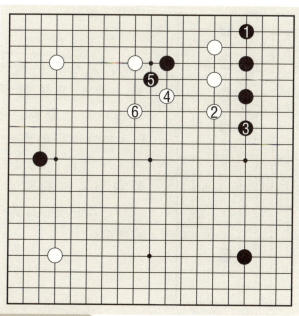

图4 方向错误

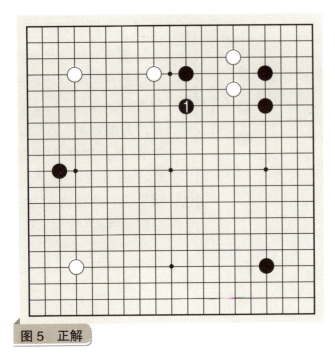

图5 正解

图5 正解

黑1跳，在巩固自身棋子的同时，伺机攻击左右两边的白棋，在本图中是正确的对局手段。只有像黑1这样不让对方把棋走厚而使自己先安定下来，以后才能有机会攻击白棋。

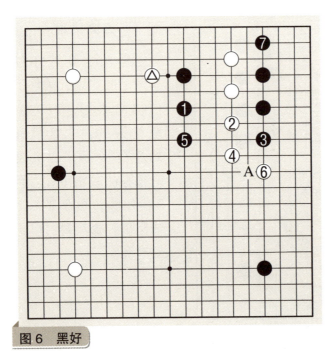

图6 黑好

图6 黑好

黑1跳后，白2、4跳，意在向中腹发展。黑3、5是继续攻击白棋的要领。白6飞封住黑棋的出头，黑7跳守角，并且瞄着白棋A位的弱点，当初白△进攻的力量已经被削弱。

问题 3　处理孤子（三）

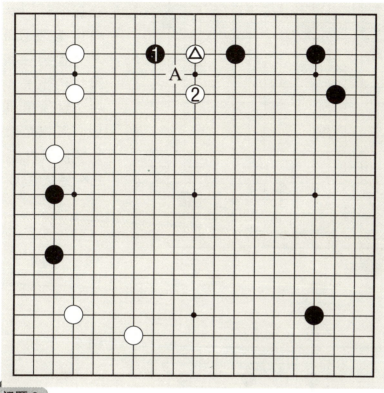

问题 3

　　黑先。黑 1 打入白阵，白棋考虑到白△子的安危匆忙于 2 位跳出是失着而应以在 A 位攻击黑棋为好。黑棋如何追攻白棋的失着，轻易使自己做活？下一步棋该怎么下？

图1 白棋获利

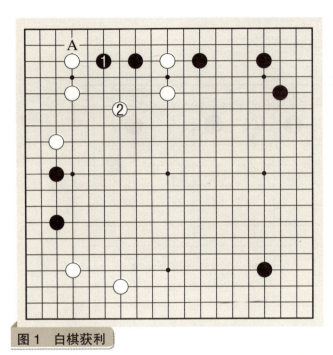

图1 白棋获利

黑1单拆目的是确保眼位,并有多种向中腹发展的手段,但是仅拆一格,黑棋眼位仍不充分,一旦白2封住黑棋出头之后,黑棋危急。黑棋如要使黑棋二子安定,白棋将从中获利。

图2 无根

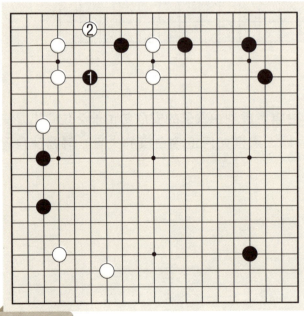

图2 无根

黑1走象步是昏着,白2飞是破黑棋眼位的手段。由于周围白棋很强,黑棋二子想获得安定,要做出不少牺牲。

图3 眼位

黑1飞是向中腹发展的有力手段,但白2跳破坏黑棋的眼形,对黑棋不利。一般情况下,逃跑时采用飞的手段会留有弱点,因而很少被使用。

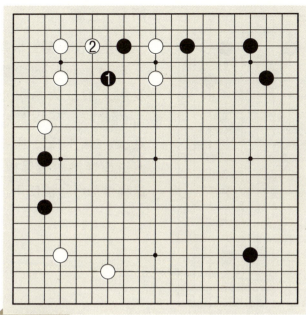

图3 眼位

图4 白好

黑棋如果单纯地向中腹逃跑,在1位跳是正形,但是白棋在2位镇,不但巩固了自己,而且其后白4飞,黑棋二子由于一味受到攻击,黑棋不利。到白6为止,白棋攻击形势较好。

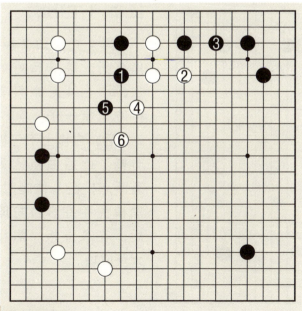

图4 白好

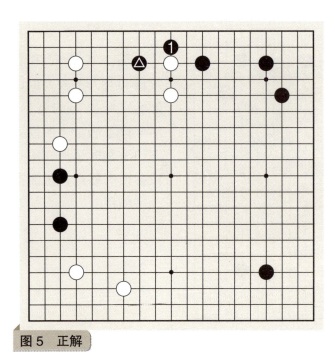

图5 正解

图5 正解

要想使黑△生根并不容易，而且向中腹发展又会成为白棋攻击的目标，所以黑棋难受。黑1托，意在渡过，连接两边黑棋，这种棋形经常被使用。

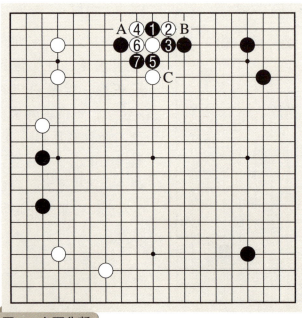

图6 上下分断

图6 上下分断

黑1托，白2扳，黑3断，是准备好的次序，白4无奈只有打吃黑棋一子。黑5、7之后，白棋上下已被分断。此后白棋因为有断点，在A位爬时，黑棋先手在B位打吃后，在C位扳。黑棋大获成功。

问题 4　进攻与防守

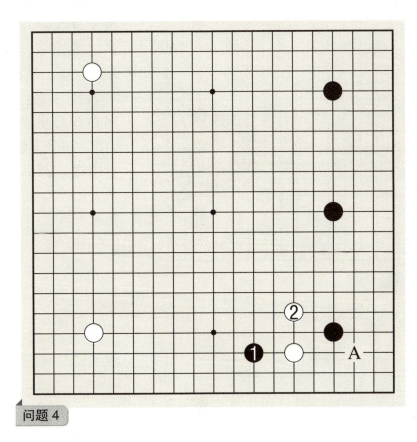

问题 4

黑先。黑1夹攻白棋，白2跳出。一般情况下，白棋受到夹攻时会在 A 位点三三，但本图中跳出的目的是防止左右黑棋相连接。黑棋下一步棋和出头有很深的关系。

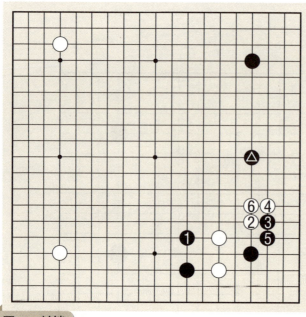

图1 封锁

图1 封锁

黑1跳的目的是想使夹攻白棋的黑子得以安定，但是被白2封住角上黑棋一子，对黑棋不利。黑3托到白6为止，使白棋走厚，并使黑△变得势单力薄，而且黑棋在角上还没有完全安定，黑棋不满。

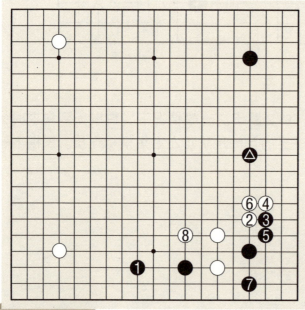

图2 大同小异

图2 大同小异

黑1拆二与跳相比是更为重视根据地的手段。但白2飞封，使角上黑棋必须寻求做活，黑棋棋形非常不利。到白8为止，都是预定的进程，黑棋角上虽然获得了安定，但黑△势单力孤，黑棋收获不大。

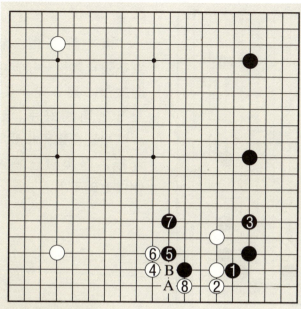

图3 左右相连

图3 左右相连

黑1尖顶，虽然暂时保住了角地，但白2下立，使黑1有恶手的味道。黑3跳到白8为止，白棋已全部获得连接，而黑棋中腹三子已成负担。如果黑A，白B断，黑棋仍不成立。

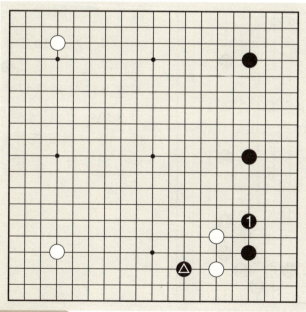

图4 正解

图4 正解

黑1单纯地跳出是正确的手段。由于角上黑棋的进路只有一处，而边上黑▲一子可以向边上和中腹发展，并不危急。绝对不能让对方先手封住。

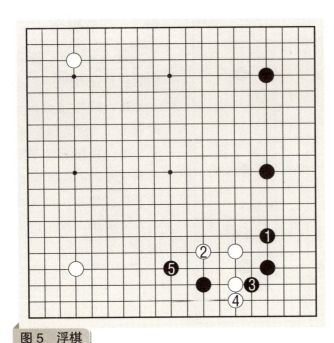

图5 浮棋

图5 浮棋

黑1跳，白2镇意在阻止黑棋一子向中腹发展。黑3先手尖，黑5飞均是好手。这种结果是白棋无根变成浮棋，而黑棋已将两侧棋处理干净。

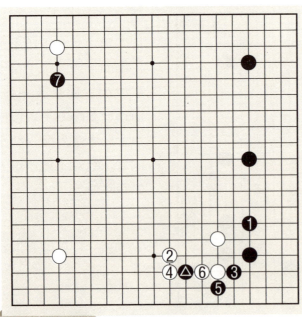

图6 黑步调快

图6 黑步调快

黑1跳，白2盖，黑棋不直接出动黑△，而在3位守角是好手。白4挡，意在控制黑棋一子，黑5先手尖后，黑7挂，黑棋步调快。

问题 5　反封锁

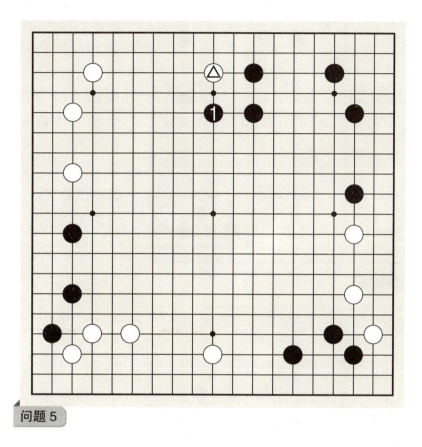

问题 5

白先。黑 1 镇，意图阻止白△向中腹发展。黑 1 可以说是在阻挡白棋前进的同时，又使自己势力扩张的要点。现在白棋应如何下？

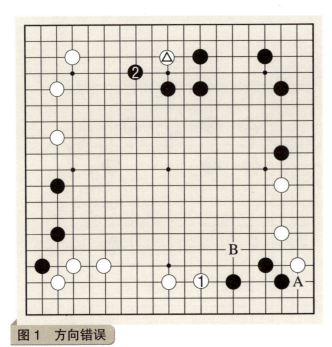

图1 方向错误

图1 方向错误

白1跳虽然很小，却是可以在确保自己利益的同时，对黑棋角上施压的良好手段。但黑棋同样可以有在A位补的手段和B位跳的手段，并不太危急。黑2飞封完全封住白△一子的出路，白棋损失很大。

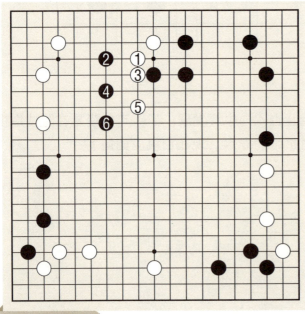

图2 白棋受攻

图2 白棋受攻

白1尖，意图等黑棋在3位长后，自己向左侧发展。但是黑2打入使白棋未能如愿，白棋为防止被封，在3位长，直至进行到黑6，白棋上边的阵地被破坏，白棋不满。

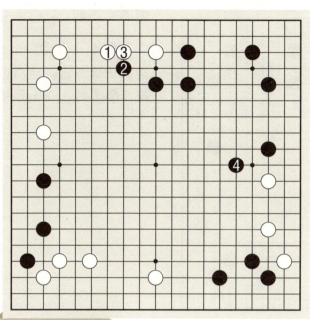

图3 正确的方向

图3 正确的方向

白棋单纯从1位方向围空是正确的。但是由于白1过于消极防守,被黑2压在低位,白棋多少有点不满。黑棋脱先在4位飞又使黑棋在右上部的势力得到扩张,黑棋的形势喜人。

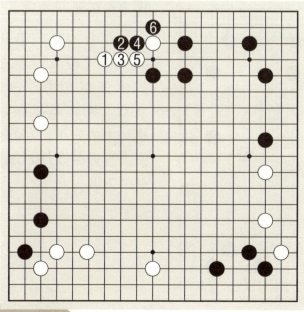

图4 弱点

图4 弱点

白1大飞是为围空,但被黑2打入,就会出现弱点,这种防守不成功。白3的目的是封住黑棋的出路,但到黑6为止,左右两块黑棋已经连成一体,白棋失算。

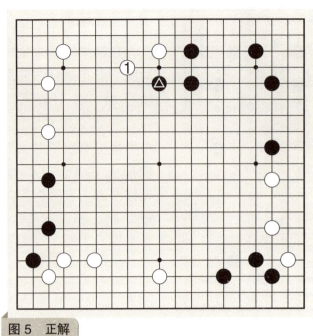

图 5 正解

图 5 正解

白1飞是防守上边的正确方法。当对方像黑△镇时，飞出是基本要领。

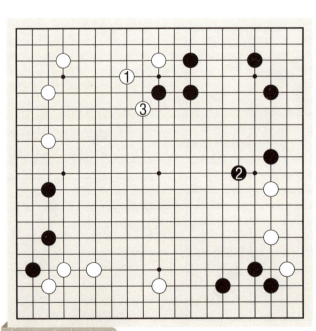

图 6 扩张的要点

图 6 扩张的要点

白1飞时，黑棋脱先在2位飞，意在扩大黑棋势力。白3飞封，同样是扩张白棋势力的好手。3位是左上方黑白势力此消彼长的关键。

四、打吃的应用

问题 1　方向选择 ▶

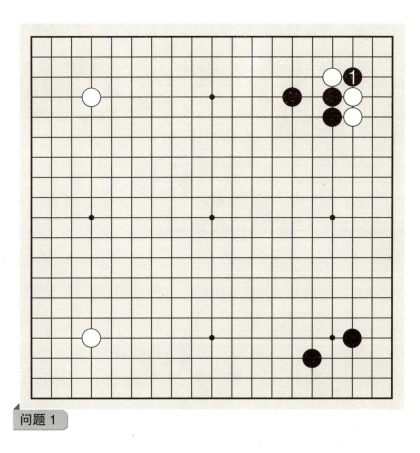

问题 1

　　白先。本图是高目定式中出现的棋形。黑 1 断，利用弃子来理顺黑棋的棋形，这是围棋对局中的高级战术。白棋应怎样应对？

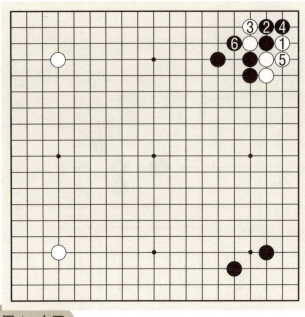

图1 白死

图1 白死

白棋在2线上打吃是错误的。黑2长，白棋已无法吃住黑棋二子。白3挡，黑4拐，白5接，黑6虎。白棋二子已被黑棋吃住，白棋损失惨重。

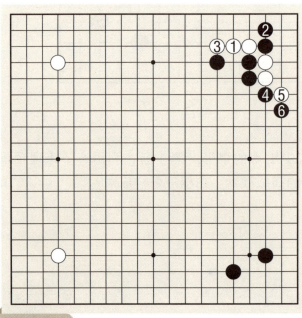

图2 强扳

图2 强扳

白1长，黑2立长气，白棋气不够，白3无奈长，黑4扳头，白5反扳，黑6连扳是强硬的下法。

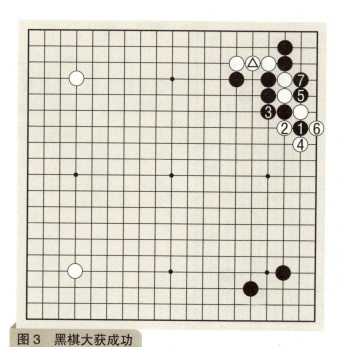

图3 黑棋大获成功

续图2，黑1强扳后，白2、4打吃，可以吃掉黑棋一子。但是黑5、7可以吃掉白棋二子，白棋完全崩溃，结果是白△长不能成立。

图3 黑棋大获成功

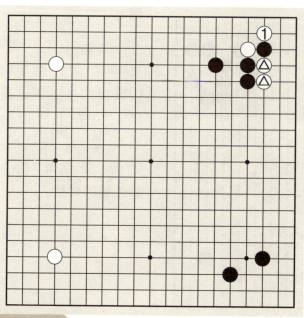

图4 正解

白1打吃是正确的行棋方向。白1利用白△可以吃掉黑棋一子。以后黑棋如何利用这个黑子那将是黑棋的问题。

图4 正解

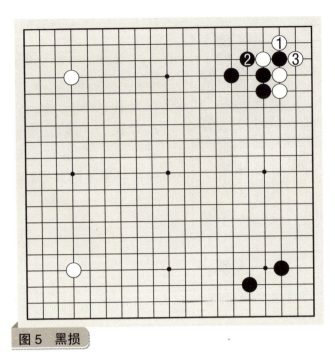

图5 黑损

图5 黑损

白1打吃时,黑2反打弃子。白3提,棋形非常理想,而黑棋则受损。一般情况下,对方在3线上打吃时,都不应让对方一手棋直接提掉。

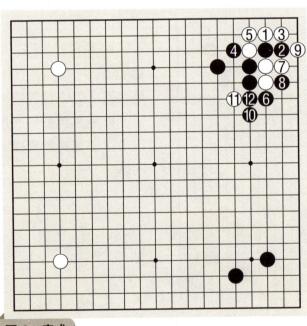

图6 定式

图6 定式

白1打吃,黑2长是要领。白3挡,则黑棋二子必死无疑。黑4、6先手利用后,到黑12为止均是基本定式,是典型的实空和外势的转换。

问题2　定式用法（一）

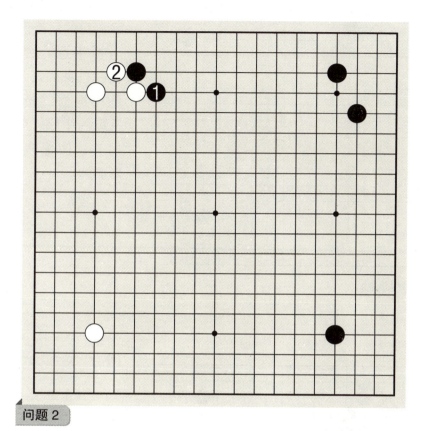

问题2

　　黑先。黑1扳，白2虎，双方抢占要点。白2兼有守角的目的。黑棋下一步应该如何应对？要充分考虑到打吃的价值。

图1 黑棋消极

黑1接是黑棋顾忌自己的弱点而采取的消极手段。白2长是巩固自身的好手。黑3是根据立二拆三原则采取的手段，但被白4拐头，使黑棋整个棋形萎缩。

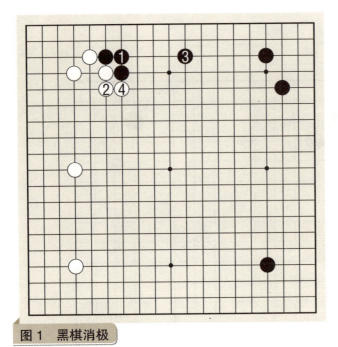

图1 黑棋消极

图2 白棋太大

黑1立是防备被白棋打吃的要点，同时也是重视实利的下法，但是白2长，使黑棋的活动能力落后于白棋。其后黑7虽能扩张势力，但进行至白8，白棋的势力范围太大。

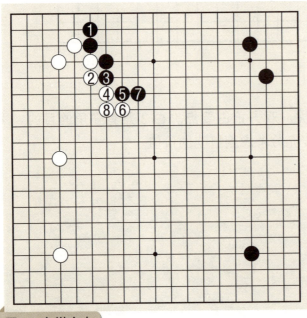

图2 白棋太大

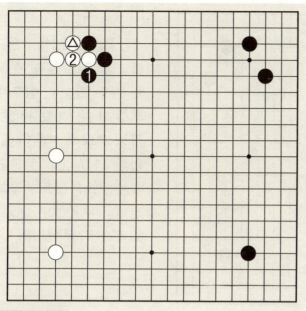

图3 正解

图3 正解

对局时应该无条件地抢占能限制对方棋子发挥效力的打吃。本图中黑1打吃时机很好，白2只有接，使白棋形成愚形。当初白△虎是没有考虑到防止愚形的手段。

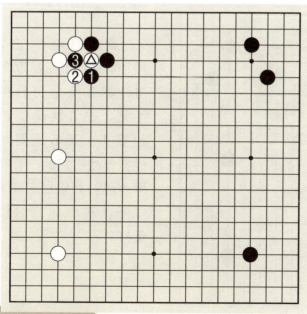

图4 万劫不应

图4 万劫不应

黑1打吃时，白不接而是在白2做劫。但由于在序盘阶段，没有劫材，白棋无理。白棋不论在什么地方使用劫材，黑棋都万劫不应，黑在△位接是好手，白棋在角上是比较弱的形态，黑棋绝对有利。

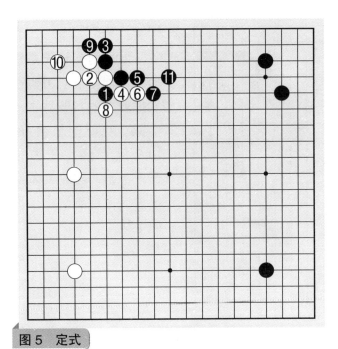

图5 定式

图5 定式

黑1打时，白2接，黑3立是重视实利的手法。与图2中黑3单纯地立相比，可以发现黑1的价值。到黑11为止，全是在实战中经常使用的基本定式。熟悉次序之后，即可在实战中使用。

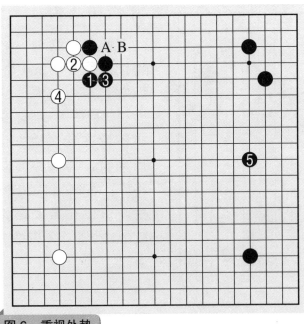

图6 重视外势

图6 重视外势

黑1打吃，白2接时，黑如果要取外势，黑3接是可行的手法。白4跳是必然的要点。黑5是坚持连贯作战思路的一种特殊手段。如果白棋在A位断，黑棋可在B位反打。

问题 3　定式用法（二）

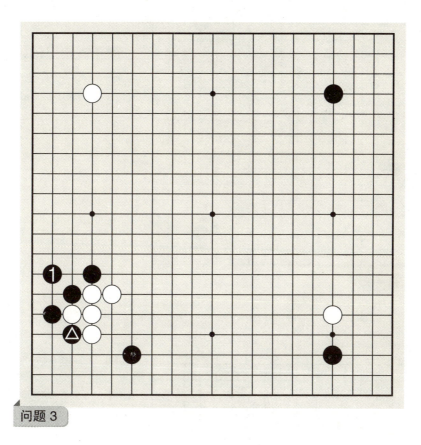

问题 3

　　白先。黑1虎补断。凡是可能被对方打吃的位置均是要点，这个基本原理已为我们所熟知。现在对局攻防的焦点是围绕黑△而进行的，白棋如何处理为最佳？

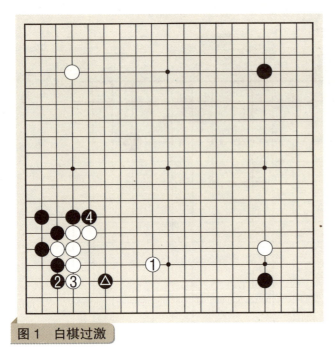

图1 白棋过激

图1 白棋过激

白1封锁黑△一子是过激的攻击手段。黑棋不直接出动被封的黑子，而在黑2、4处理黑棋是好手。现在白棋的棋形过于拥挤，而黑棋棋形活跃。

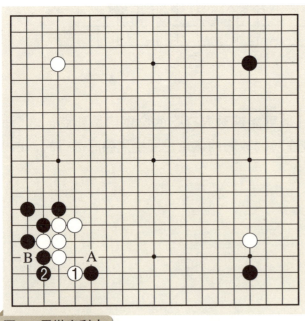

图2 黑棋实利大

图2 黑棋实利大

白1尖顶是期待黑棋在A位长而白在B位断。但是黑2长是看破白棋企图的好手，并可确保角上的实利，结果对黑棋有利。

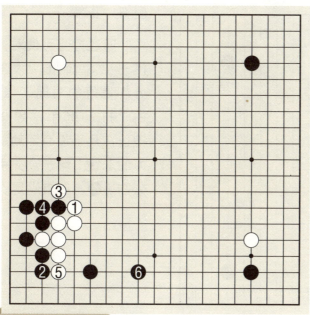

图3 黑棋步调快

图3 黑棋步调快

白1拐虽然很厚，但是黑2长是获取角上实利的好手，白3打是绝对先手，但白5必须回过头补，白棋不满。黑6拆使黑棋获得安定，黑棋的整体步调快。

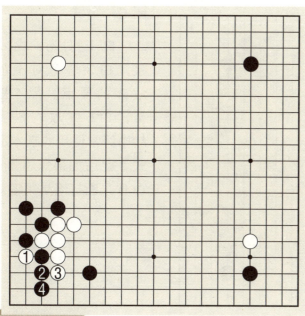

图4 盲目断

图4 盲目断

白1断虽然想吃住黑棋一子，但是黑2长将使白棋一无所获。其后白3后退，黑4立下，白棋大损。

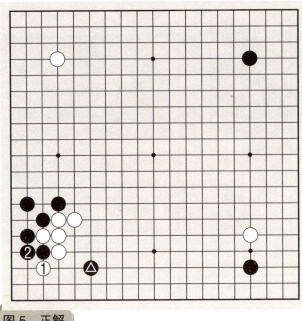

图5　正解

图5　正解

通过打吃可使对方棋子效率降低，大部分都是好的对局下法。白1打是好手，黑棋被迫在几乎没有活动能力的二线上落子。先手分割黑△，白棋满足。

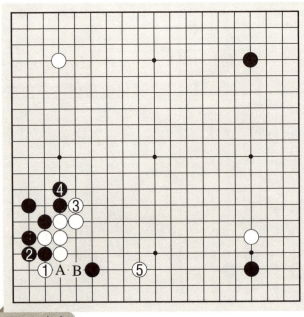

图6　定式

图6　定式

白1打吃，黑2接，白3是绝对不能放弃的要点。黑4挺头，白5夹攻均是实战中经常使用的基本定式。此后如果黑A断，白B果断打吃是关键。

问题4 先手利用（一）

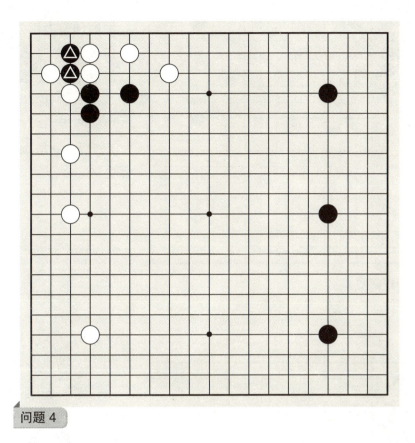

问题4

黑先。黑▲二子处于危机之中，黑棋应充分考虑是救活还是放弃这二子更有利，才能决定下一步棋。再进一步应考虑用什么具体方法救活这二子或放弃这二子。

图 1　白棋得利

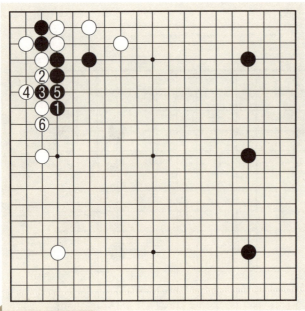

图 1　白棋得利

黑 1 压是向中腹发展的有力手法。但是白 2 连使白棋未作任何牺牲就能捕获黑棋二子。白棋实利太大，黑棋不满。黑棋应寻求充分利用角上二子的方法。

图 2　黑棋形弱

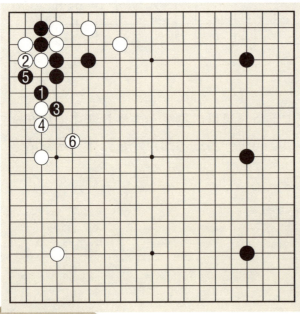

图 2　黑棋形弱

黑 1 尖顶是期待白在 3 位长，然后黑在 2 位打吃白棋一子。但是事与愿违，白 2 接使黑棋的如意算盘落空。白棋到白 6 为止，都可以对黑棋继续攻击。黑 5 是阻碍白棋相连的绝对位置。

图3 威力极小的分断

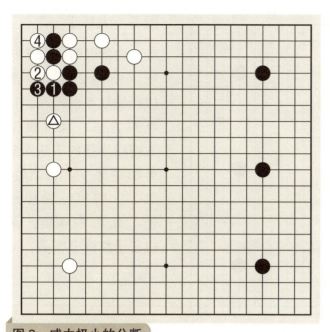

黑3是利用角上黑棋二子，先手将上下白棋分断的手段。但是白4将黑棋二子吃住时，黑棋没有明显的后续手段。黑棋应仔细考虑对白△施加影响。

图3 威力极小的分断

图4 正解

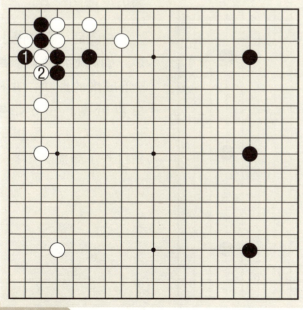

黑1打吃是正确的对局手段，使用这一着法需要有正确的计算。黑1打，白2长是绝对的一手棋，以后黑棋如何应对将决定是否有利。

图4 正解

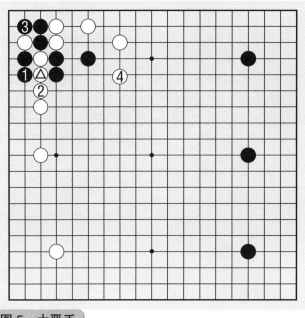

图5 大恶手

图5 大恶手

白△退时,黑1打吃,使白2连,是黑棋自掘坟墓的行为。打吃对方后,反而使对方得以加强的下法大部分都是恶手。白2后。黑3只有打吃白棋一子,此后白4跳,黑棋三子棋形非常弱。

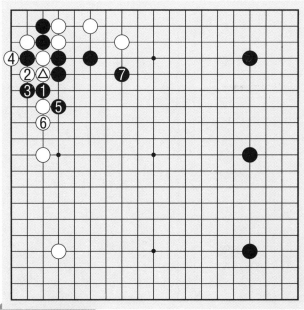

图6 虎的形状

图6 虎的形状

白△后,黑1扳打是正确的对局手法。黑5下成虎的形状,并将白棋分割。白6如果长,黑7飞,黑棋轻易打开了局面。

问题 5　先手利用（二）

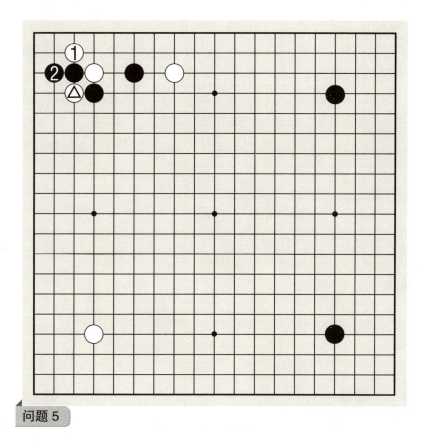

问题 5

白先。白1打吃，黑2长。这个棋形看似很乱，但如何处理白△将是白棋问题所在。即使牺牲自己的部分棋子，如果能分断对方，也可以演变成有利的棋形。

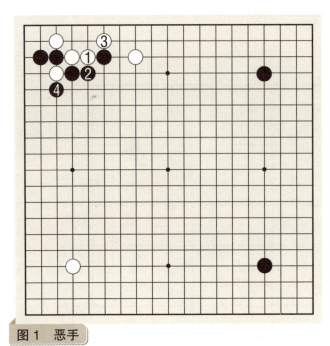

图1 恶手

图1 恶手

白1顶的目的是希望黑2挡,白3连接。但是,白1是自寻扳头的典型,使黑棋全部相连,对白棋不利。到黑4为止,白棋全部集中在低位。

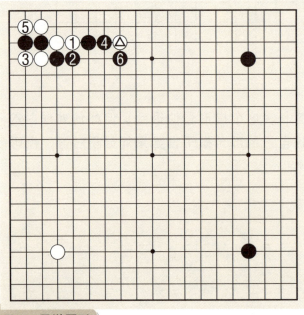

图2 黑棋厚形

图2 黑棋厚形

白1顶,黑2压时,白3挡是获取角上实利的有力手段。但是黑4、6后,白△一子被严重压制。一般初级棋手在被吃子时都很着急去解救,但其实自己的棋被分断的味道更坏。

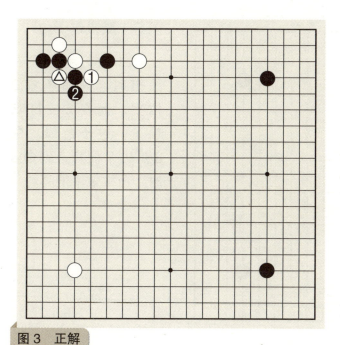

图 3　正解

　　白1打吃是正确的对局方法，迫使黑2逃。虽然白1有使黑棋走厚的缺陷，但是白棋的意图是弃白△攻右侧黑一子。

图 3　正解

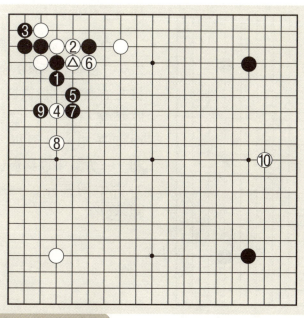

图 4　打吃的意图

　　白△打的目的是让黑1长，然后白2接，如果弃去白棋一子，能将黑棋分断，就足够挽回损失。一直进行到黑9均是基本定式，双方形成攻防转换。其后白10分投。

图 4　打吃的意图

图5 黑棋过于急躁

白1接分断左右黑棋时，黑棋不在3位拐，而在2位打吃白子，过于急躁。白3是先手便宜，到白5时，白棋效率很高。

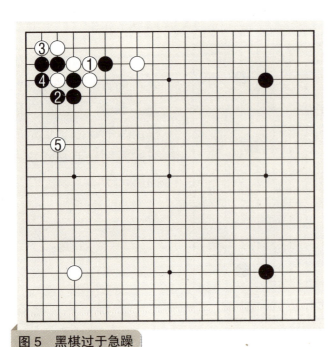

图5 黑棋过于急躁

图6 中间开花

白1打吃时，黑2反打白棋，意图是连接左右黑棋，但被白3吃掉黑棋一子，白棋中间开花，对黑棋不利。一方急于联络而让对方中间开花，一般都不好。

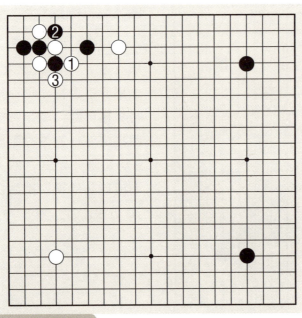

图6 中间开花

问题6　行棋次序（一）

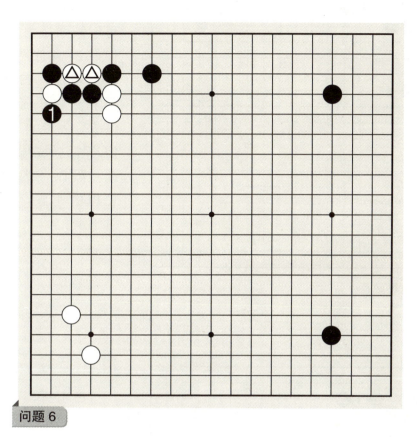

问题6

白先。黑1打吃白棋一子，白棋如何处理白△二子是问题。应判断是救活有利还是放弃有利，然后决定下一步棋。如何才能使白棋向有利的方向发展？

图1 生不如死

白1、3打吃，虽可以勉强在角上做活，但黑2、4使两侧黑棋得以巩固，白棋非常不利。白棋还须于5位立，才能真正做活，但这种结果白棋生不如死。黑6、8都是攻击白棋的手段，白棋非常不满。

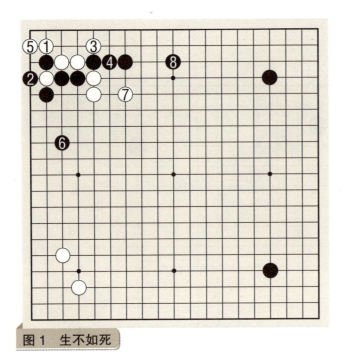

图1 生不如死

图2 正解

白1打，将左右黑⊲分断，思路正确。尽管白棋将二子弃掉有损失，但这种将黑⊲左右分断的作战方式，白棋有利。

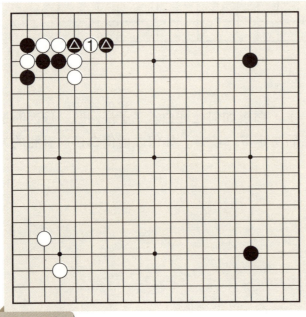

图2 正解

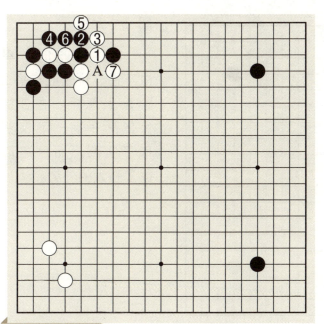

图3 白略满意

图3 白略满意

白1打,黑2长白3挡,将左右黑棋分断。黑棋由于顾忌对方的打吃,而不敢断然在A位断。白5争得先手后,白7虎,结果对白棋有利。但是白棋还有更加有利的手段。

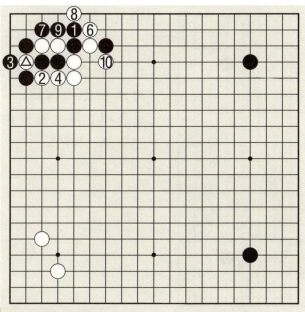

图4 更加有利 ❺=△

图4 更加有利

黑1长时,白棋不急于6位挡,而是白2先打,效果最好。白4打吃,黑5接后,白6挡是正确的行棋次序。其后到白10为止都是必然的次序,与图3相比,白棋更加有利。

图5 大恶手

白1打吃时，黑棋不在3位长而在黑2跳是大恶手。白3提掉黑一子后，不仅获取了实利，而且还取得了强大的外势。

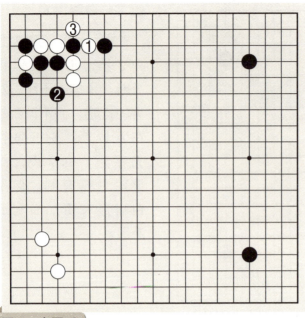

图5 大恶手

图6 其他次序

白1先打的手段也是成立的。至白5打，和图4相比，只是行棋次序上有变化，结果是一样的。

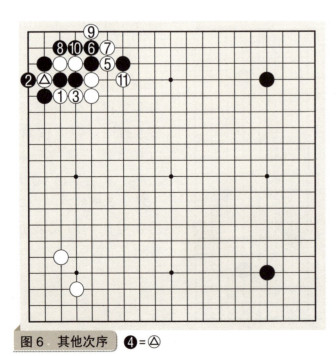

图6 其他次序　❹=△

问题7　行棋次序（二）

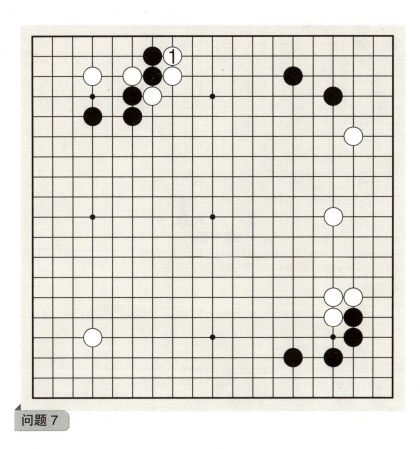

问题7

黑先。白1挡，攻击黑棋二子。黑棋应研究是否要救活这二子或者弃子，怎样对自己有利？如何灵活利用打吃的手段是问题的关键。

图1 征子不利

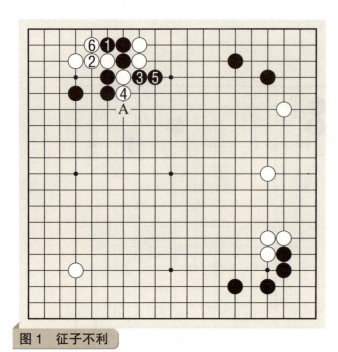

图1 征子不利

黑1打吃为自己长气，然后准备黑3断，但是以下到白6时，黑A的征子对黑棋不利，黑棋不满。

图2 略为不满

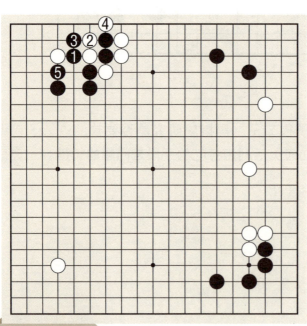

图2 略为不满

黑1打吃的目的是伺机分断左右白棋。黑棋二子被吃，心情多少有点坏，但进行到黑5为止，黑棋已完全控制了角。当然，黑棋在黑1打吃之前应有其他次序。

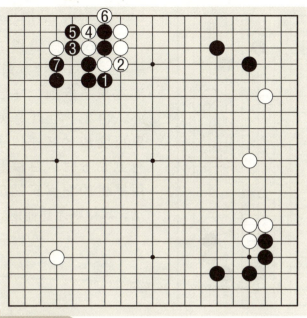

图3　正解

黑棋在3位打吃之前，应黑1先打吃，与白2交换一手。白2必须接，黑3再打吃，进行到黑7时，左右白棋被分断，而且黑棋的棋形较好，黑棋满意。

图3　正解

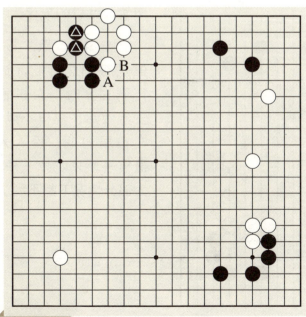

图4　区别

本图是黑A、白B不预先交换，黑▲打后的棋形。在这种棋形中黑棋后手下在A位，白棋已根本没必要下在B位。所以对局时，要重视行棋次序。

图4　区别

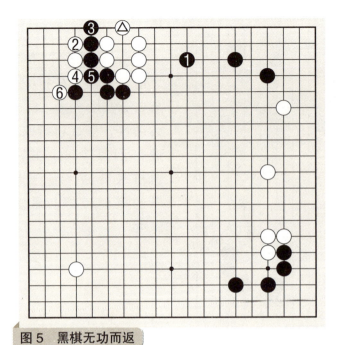

图5 黑棋无功而返

图5 黑棋无功而返

白⊙吃掉黑棋二子时，黑棋不控制角，而在黑1拆则过于贪心。白2下立就是对黑棋贪心的还击，进行到白6时，白棋利用黑棋的弱点安然成活，黑棋则无功而返。

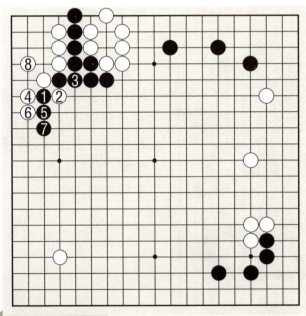

图6 以后的次序

图6 以后的次序

接图5，黑1扳，但是被白2打吃，进行到白8时，白棋已安然做活，黑棋不满。在布局初期，投入大量棋子，只吃掉一子，大部分情况下都不利。

问题 8　弃子获利

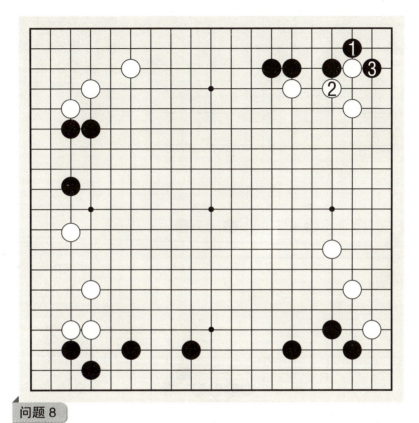

问题 8

白先。黑 1 扳，白 2 虎。粗看黑 3 是当然的一手棋，但实际上却是恶手。黑 3 打，白棋最佳的应对手段是什么？应注意，白棋如轻易弃掉一子，是绝对不好的对局结果。

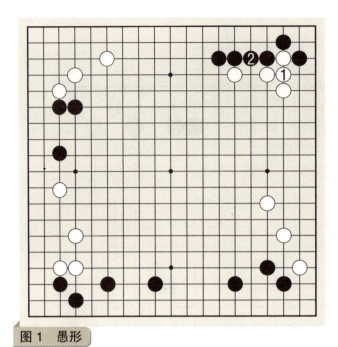

图1 愚形

白1接是最不负责任的一手棋。白1接是愚形。黑2补住断点,结果白棋的效率太低。

图1 愚形

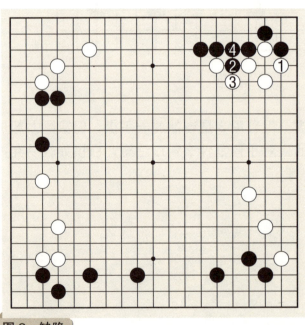

图2 缺陷

白1造劫是避免出现愚形的对局方法。但是黑2、4补住黑棋断点后,白棋棋形有缺陷,棋形不稳。

图2 缺陷

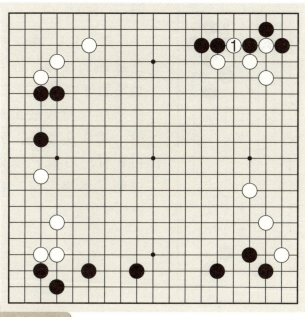

图3 正解

图3 正解

白棋面对黑棋的打吃,全然不顾,而是白1反打,是正确的对局手段。通过反打,不但可以分断黑棋,而且可以解决问题。

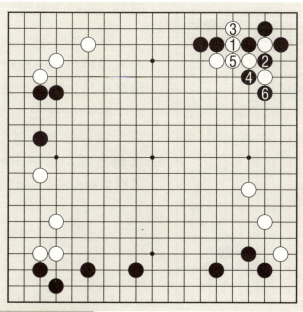

图4 左右分断

图4 左右分断

白1打吃,黑2只有提子。白3冲,将左右黑棋全部分断。但是被黑4打吃,白棋心情很坏。而且黑6在吃住白棋一子时,白棋对上边的黑棋二子攻击没有后续手段,白棋显然不满。

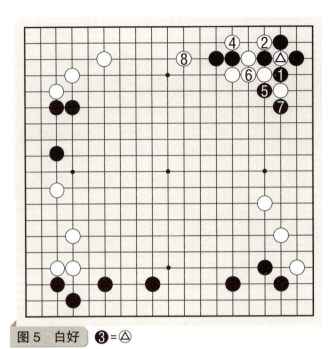

图5 白好 ❸=△

图5 白好

黑1提，白2打是最强的手段，而且也是最好的对局方法。由于序盘阶段缺少劫材，黑3只能接，到白8时，白棋已基本控制了黑棋二子，白棋形势好。

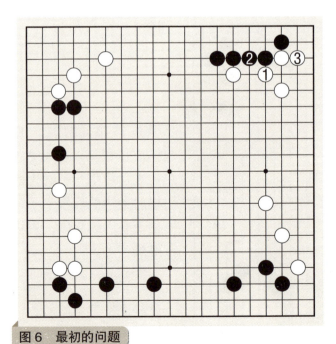

图6 最初的问题

图6 最初的问题

现在我们回到当初的问题图，白1虎时，黑2接是正确的手法。2位是白棋虎打的要点，所以绝对不能让白棋占据，否则左右黑棋会被分断。

五、分断

问题1 断的应对（一）▶▶

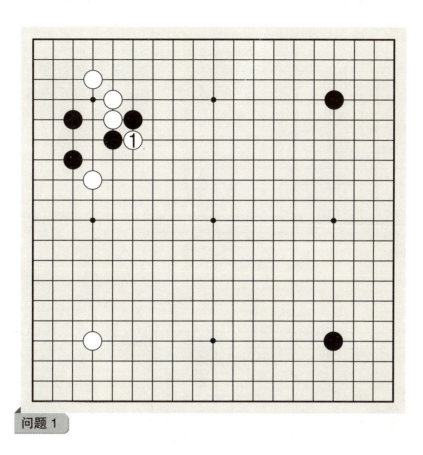

问题1

黑先。白1断，攻击左右两块黑棋，黑棋如果能考虑到打吃，就很容易找到下步棋该下在什么地方。应该考虑到自己的棋被分断比被对方吃棋结果更坏。

图1 长

黑1长是考虑到白棋可能在此有打的手段，但黑1使黑棋的活动能力大为降低。白2长是好手，并伺机在A位吃或B位封挡，白棋有利。

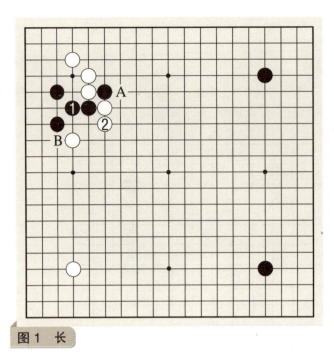

图1 长

图2 大同小异

黑棋放弃被打吃的要点，在1位长，但是被白2打吃，黑棋太痛苦。黑3这手棋既缺乏活力，又没有多大作用，但是白2却对白棋势力的形成有益，下至白4为止，其结果和图1大同小异。

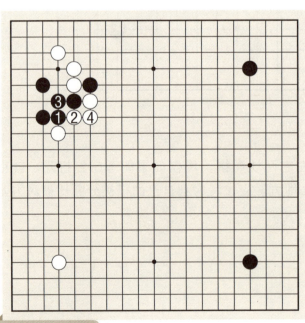

图2 大同小异

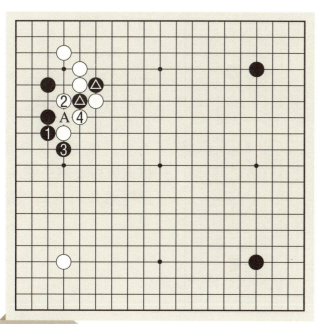

图3 恶手

图3 恶手

黑1长是准备向边上发展的手段,但被白2打吃后,仍然不利。白2打吃后,黑3扳,白4提去黑棋一子。黑△变成恶手。其中如果黑3改在4位长,被白棋在A位分断,对黑棋更加不利。

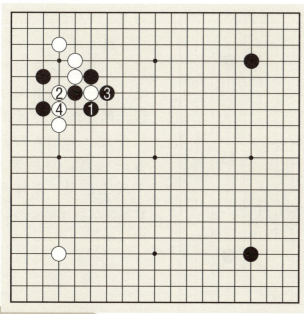

图4 白棋有利

图4 白棋有利

在无特殊理由的情况下,打吃一般都不好。黑1打吃虽是率先出击,但却是大恶手。白棋在2位反打是好手。白棋虽然被提掉一子,但却使黑棋被左右分割成两块。结果对白棋绝对有利。

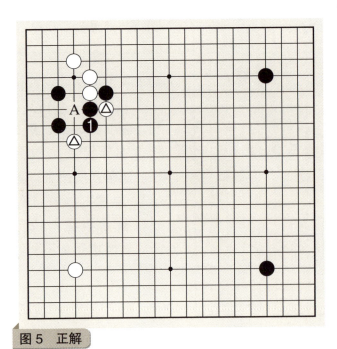

图 5 正解

图 5 正解

黑 1 长是防止对手打吃的要点所在。同样是打吃的位置，但 1 位要比 A 位的活动力强。黑 1 不仅是黑棋向中腹发展的要点，同时也是分割白棋的要点。

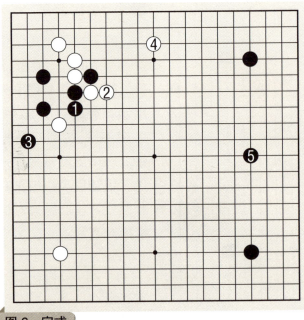

图 6 定式

图 6 定式

黑 1 长，白 2 同样长，防止被黑棋打吃，是正确的对局手段。黑 3 是向外发展的要点，到白 4 为止告一段落。其后黑 5 下成三连星，总体来看黑棋比较活跃。

问题2　断的应用（二）

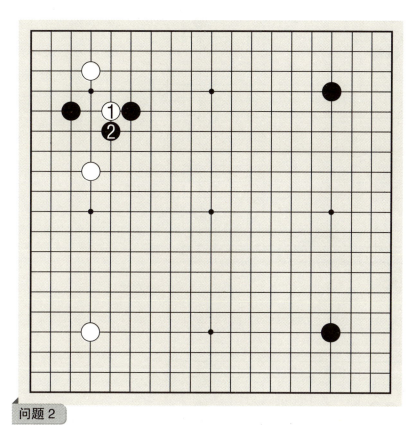

问题2

白先。白1靠是针对黑棋大跳弱点的对局方法。白1靠，黑2扳。白棋如何应对才是最有效的手段？如果考虑到对方打吃，就很容易找到下一步棋所下的位置。

图1 扳头

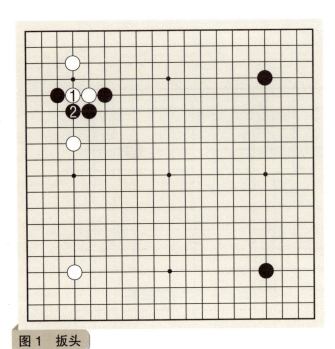

图1 扳头

白1是自寻扳头的大恶手。对局时应绝对避免自寻对方扳头。黑2分割上下两块白棋,而且角上白棋还是弱形,白棋非常不利。

图2 分割

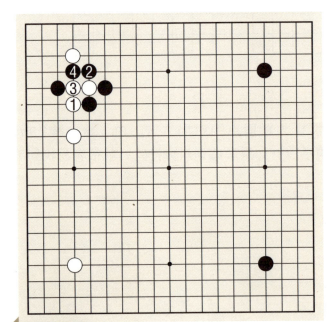

图2 分割

白1扳的意图是切断并攻击黑棋,但黑2、4分割上下两块白棋,白棋非常不利。对局手法中最忌讳的就是棋形被分割。

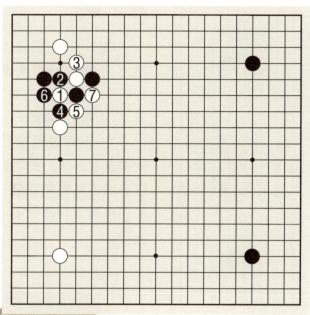

图3 黑棋不利

白1扳时，黑2断，白3连，黑棋不好。黑4打，貌似黑好，但白5、7反打就已将黑棋封住，黑棋结果不利。

图3 黑棋不利

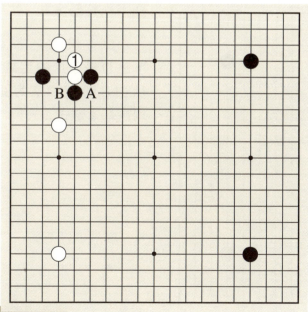

图4 正解

白1长是防备在此被对方打吃的要点，而且是冷静的对局手法，同时可以瞄着在A位或在B位分断黑棋。因此应该切记对方打吃的位置大部分都是要点所在。

图4 正解

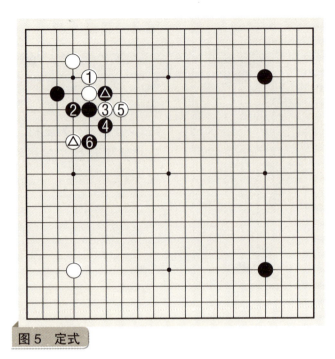

图5 定式

白1长，黑2长是双方整形时最普遍的应手。黑2后，白3当然分断，到黑6为止，均是实战频繁出现的基本定式。此后白棋可以在是控制黑△一子还是救活白△一子中选择。

图5 定式

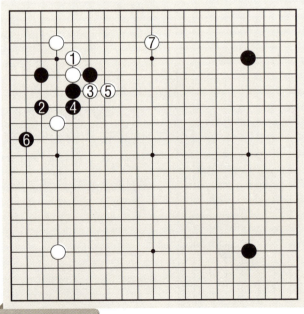

图6 其他定式

白1长时，黑2单跳也是整形的定式，从白3断到白7为止均是基本定式。

图6 其他定式

问题 3　断的应用（三）

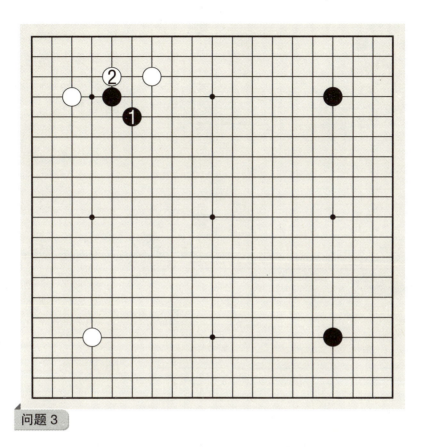

问题 3

　　黑先。黑 1 尖意在向中腹发展，白 2 托的目的是企图连接左右白棋。如果让白棋连接，当然会使黑棋形势恶化，对白棋有利。黑棋应寻找阻止白棋连接的对策。

图1 连接成功

黑1顶，白2连接，黑棋受损，即使黑3扳，白4接即可稳获角上巨大实利，黑棋不满。

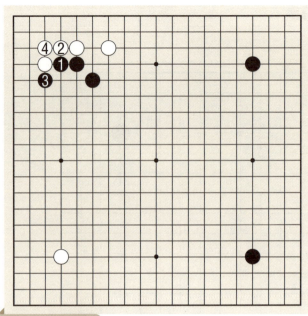

图1 连接成功

图2 实空太大

黑1尖是重视外势的手段，但白2顶即可获得角上的巨大实利，黑棋徒劳无功。白棋未做出任何牺牲就使自身连接，十分满意。

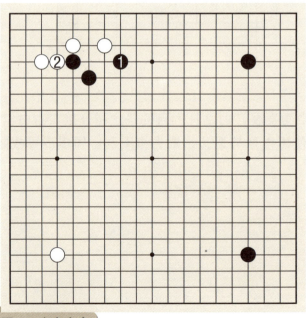

图2 实空太大

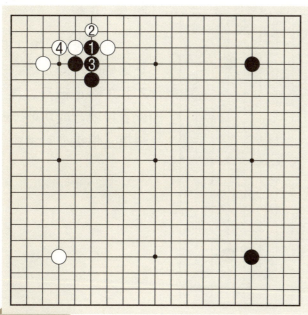

图3 愚形

图3 愚形

黑1挖的目的是想制造白棋的断点，被白2打吃后，黑棋却走成愚形，不好。黑3接，白4长，白棋不但补了弱点，而且还获得了巨大实利，相反黑棋变为浮棋。

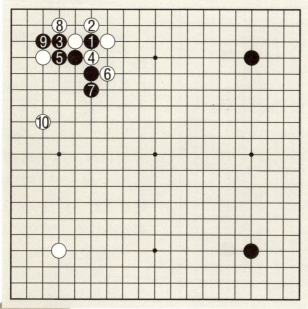

图4 反打

图4 反打

黑1挖，白2打吃时，黑3反打是黑棋在本图中最好的应对方法。其后到白10时，黑棋弃掉一子，分断了白棋，可以挽回一点损失，但是白棋在上边获取了强大的外势，且白10限制了黑棋在左边的发展，结果仍对黑棋不利。

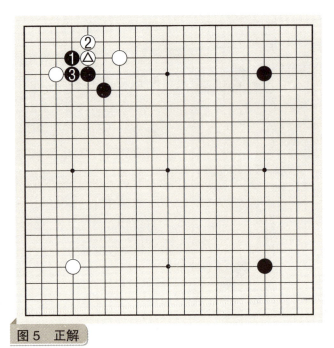

图5 正解

图5 正解

白△托,黑1扳是正确的对局方法。白2下立防止被打,黑3跟着接就已成功地分断白棋,黑棋非常满意。

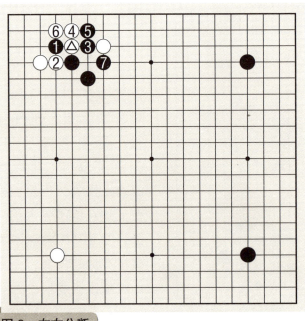

图6 左右分断

图6 左右分断

黑1扳,白2断也是一种应对方法,黑3打是使左右白棋分断的良好手段,此后到黑5为止,黑棋已先手分断白棋。黑7再扳,压制白棋一子,黑棋绝对有利。结论仍然是白△不成立。

问题 4　断的应用（四）

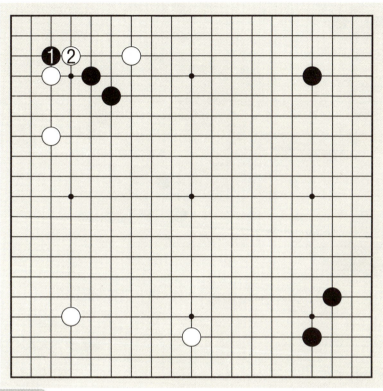

问题 4

　　黑先。黑 1 托，白 2 扳，阻止黑棋连接。一旦出现这种棋形，黑棋只有一种正确的应法。由于被分断是很坏的棋形，所以黑棋很容易找出答案所在。

图1 白角很大

黑1夹意在阻止白棋向边上发展，白2接使角上黑棋一子被孤立，黑棋不利。黑3挡，白4拐，白棋角上实空太大，结果是黑棋不满。

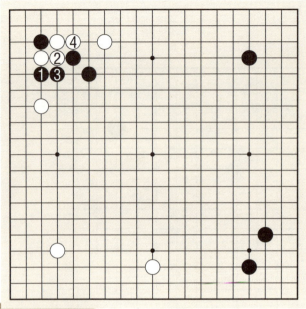

图1 白角很大

图2 大同小异

黑1挡是重视上边的手段，但白2将角上的黑子分断，黑棋仍然不好。对局时，应绝对避免自找被分断。

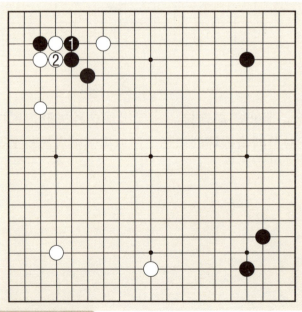

图2 大同小异

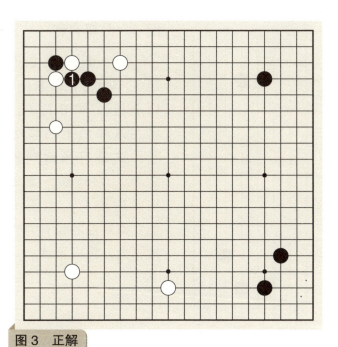

图3　正解

图3　正解

黑棋只有一种正确应法,即黑1断。前面多次强调过,双方互断时,率先长的一方作战有利。此后白棋需连接左右两块白棋。

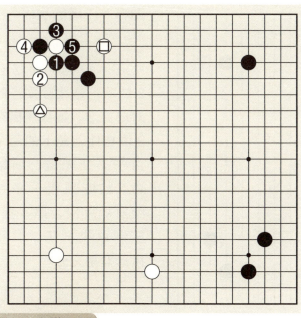

图4　白棋不利

图4　白棋不利

黑1断时,白2长是与白△联络的重要手段,但是被黑3征吃一子,损失惨重。白□由于过于接近黑棋强大的势力范围,白棋绝对不利。

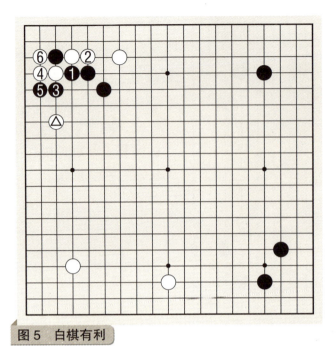

图5 白棋有利

图5 白棋有利

黑1断，白2连是正确的对局方向，白2连，黑3打吃，将白△和角上白棋分断，这是可预料到的结果。白4长，黑5挡太过心急，由于不能发挥对白的强有力的攻击力，黑棋不满。

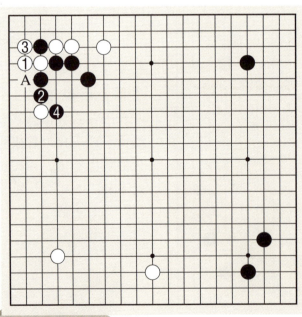

图6 正确的次序

图6 正确的次序

白1长时，黑2不在A位挡，而是在2位顶，是比较妥当的对局方法。如被黑棋在3位挡住，角上的两个白子必死无疑，所以白3打吃黑棋一子是绝对的手段，黑4扳，压制白棋一子，黑棋棋形非常充分。

问题 5　断的应用（五）

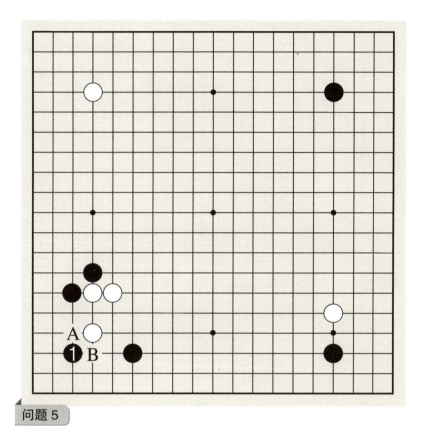

问题 5

白先。黑 1 点三三是重视实利的手段，不管白棋从哪一边挡都不能阻止黑棋在 A 位或 B 位连接。问题是白棋应从哪一侧来分断黑棋？分断方法是什么？

图1 方向错误

白1挡分断黑▲，但是方向错误。黑2连使黑棋获得了实利，白棋没有实利收获，白棋不满。

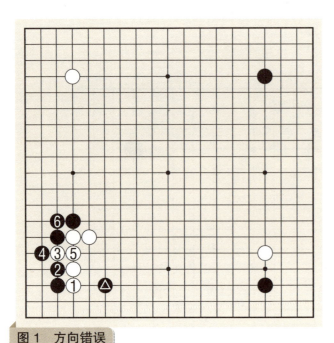

图1 方向错误

图2 白棋棋形萎缩

黑1接，白棋如何攻击黑▲是白棋的苦闷。白2是破黑▲根据的要点，但是黑棋并不急于出动黑▲，而是黑3、5寻求变化，结果是白棋不满。

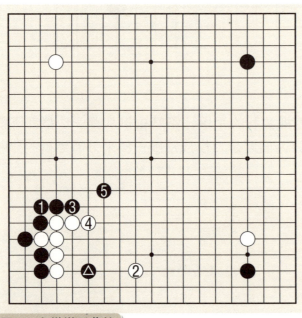

图2 白棋棋形萎缩

图3 白棋无功而返

白1挡是分断黑棋与上面二子连接的手段。但是进行到黑6时，白棋并没有有效攻击黑棋二子的手段，黑棋A位吃、B位渡过必得其一，白棋不满。

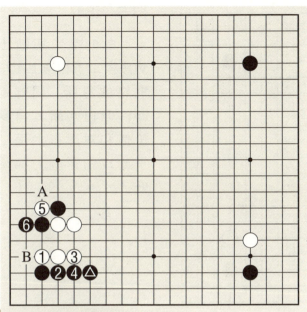

图3 白棋无功而返

图4 离题的手段

白1断是与主题相脱离的一手棋，黑2尖是好手，白3长，黑4和右侧黑棋连接即大功告成。黑棋未作任何牺牲就能将角上的棋全部联络上，白棋损失惨重。

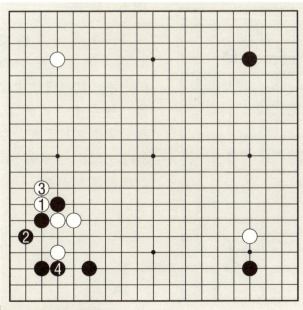

图4 离题的手段

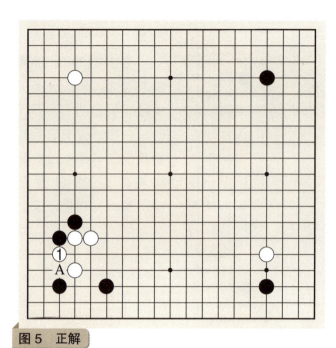

图5 正解

图5 正解

白1虎是切断上边黑棋二子和角上黑棋联络的急所。同样是断,但白A断其自身价值和对黑棋上面二子的攻击影响力都降低了。

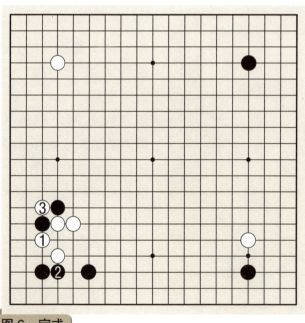

图6 定式

图6 定式

白1虎将黑棋切断后,黑2连是绝对的一手。如果连这个位置也被白棋占据的话,那么黑棋绝对不利。白3打吃黑棋一子整形,这都是基本定式。

六、棋形要点

问题1　棋形急所（一）▶▶

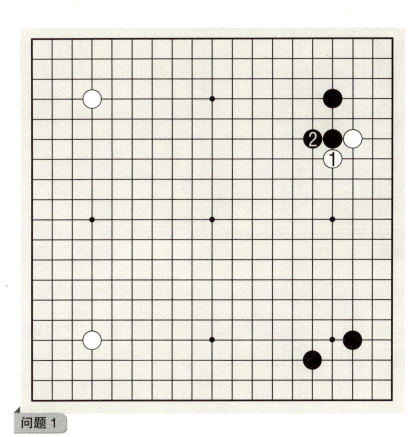

问题1

　　白先。白1扳，黑2长防止白棋打吃。现在的问题是如何才能使白棋二子获得安定，最好的方法是什么？白棋在考虑自身的同时，又不能让黑棋走出好形。

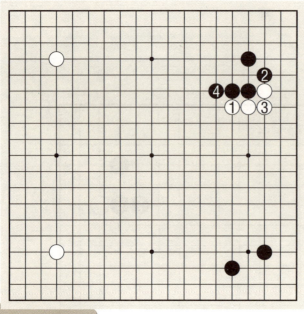

图1 虎的急所

白1是重视右边和中腹的手段，但是黑2虎，不仅可以守住角上的实空，而且还具有整形的作用，白棋不利。白3接，黑4长，黑棋局面好。

图1 虎的急所

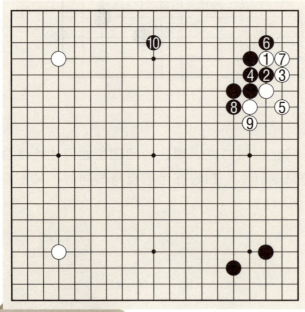

图2 黑棋外势明显

白1托虽有巩固自身的意图，但是黑2挖同样是急所，白棋仍然不利。黑4接，到白9长已是定式化的次序。这一定式只在一定的条件下才使用。白棋虽获得了实利，但黑棋外势明显。

图2 黑棋外势明显

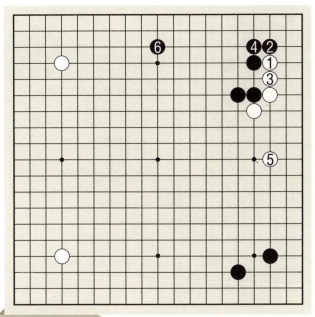

图3 大同小异

图3 大同小异

白1托，黑2扳，白3退是防备黑棋打的要点。黑4接，到黑6拆，结果仍然是黑棋满意。白1使对方的棋走厚，因而不是好手。

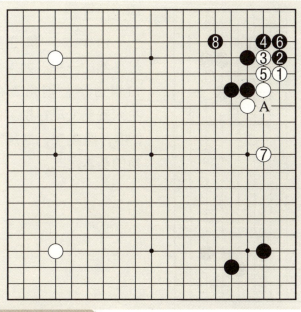

图4 黑得实空

图4 黑得实空

白1尖是防止黑棋在A位断并伺机点角的手段。但黑2挡直到黑8飞，黑棋获得了角上的实空，而白棋则无功而返。

图5 正解

白1长是最好的对局手段。如果此点被黑棋占据，黑棋棋形很强，而白棋棋形则相对薄弱。

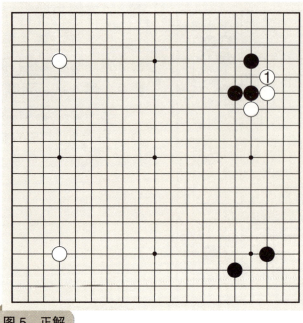

图5 正解

图6 定式

白1长，黑2挡是必然的一手。如果被白棋占据，则角上的主人就要变成白棋。白3拆，黑4飞，这是守角的基本定式。

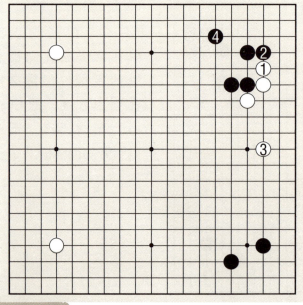

图6 定式

问题 2　棋形急所（二）

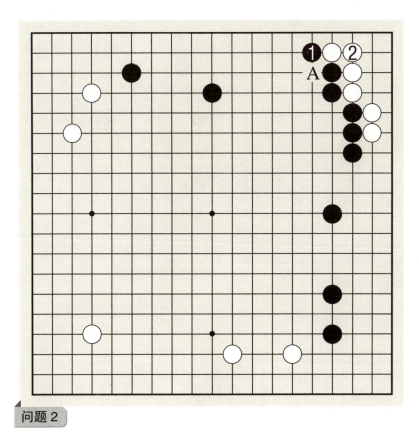

问题 2

黑先。黑 1 扳，白 2 接，将角上的棋形定形。黑棋周围的棋虽然很强，但有 A 位的断点，所以外势仍不很完整。现在的问题是黑棋如何处理 A 位的断点，最有效的办法是什么？

图1 愚形

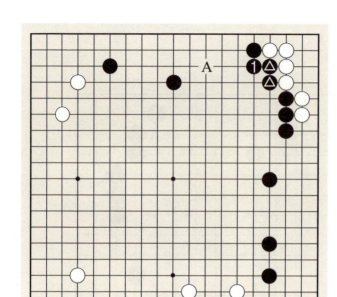

黑1接虽然可完全消除黑棋的断点，但是与黑⬤形成了愚形，而此后白棋在A位打入，黑棋影响力受到限制。

图1 愚形

图2 被刺

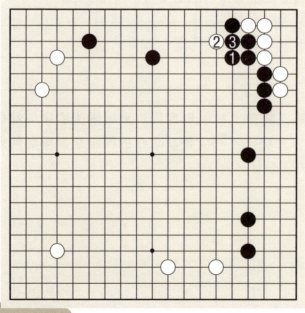

黑1虎，被白2刺，黑棋心情很坏。黑棋被刺的棋形相当坏，而且白2一子活力很强，所以应该绝对避免被对方利用而自己出现坏棋形的情况。

图2 被刺

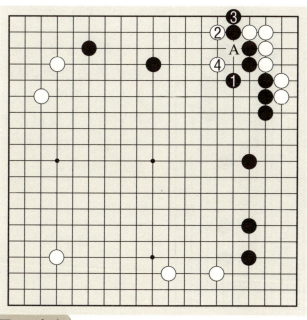

图3 余味

图3 余味

黑1虎,白2夹时,黑棋非常难应对。黑3下立阻渡,白4跳又是好手。黑棋只好后手补住A位的断点,且以后不易对白棋二子展开进攻。

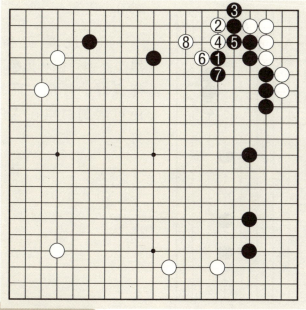

图4 大同小异

图4 大同小异

黑1补,白2夹时,黑棋仍很难对应。黑3下立阻渡,白4顶是利用黑棋弱点的对局方法。黑5无奈只好接,其后到白8为止,白棋棋形已完整,白棋获得成功。

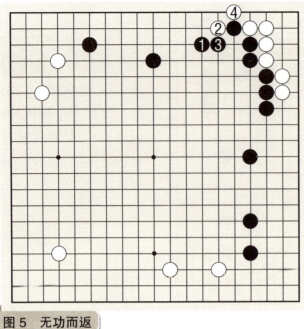

图5 无功而返

图5 无功而返

黑1飞是准备守边的有力手段,但白2夹后,黑棋缺乏好的应对方法,黑棋不满。黑3虎,白4渡过,黑棋无功而返。

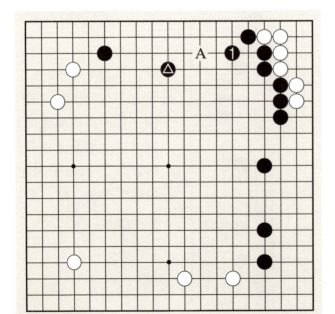

图6 正解

图6 正解

黑1虎是正解,黑1不但可以和黑△取得良好的呼应,而且还可限制白棋在A位打入。

问题3　应对打吃

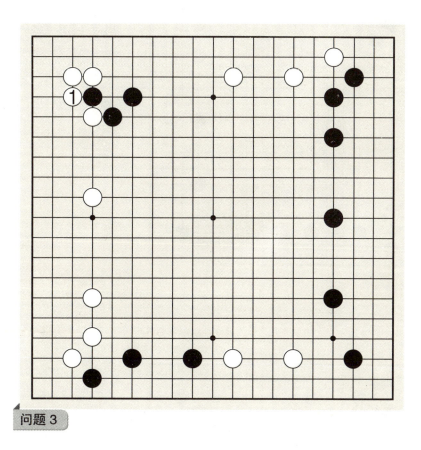

问题3

黑先。白1打吃，在此情况下，黑棋最佳的处理办法是什么？注意：对局时应尽量避免出现愚形。

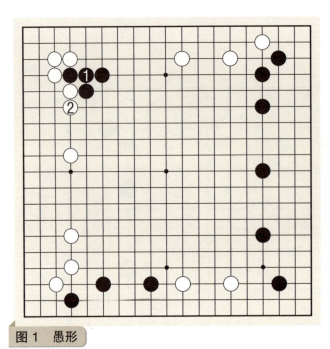

图1　愚形

图1　愚形

黑1接是入门级棋手最容易犯的错误。黑1接是愚形。白2长后，黑棋四子无根，未来需要进行疲惫的逃亡。

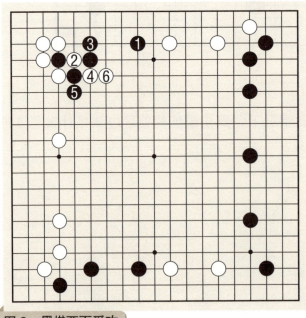

图2　黑棋两面受攻

图2　黑棋两面受攻

黑1飞虽然是生根的有力办法，但是白2提去黑棋一子后，黑棋无恰当的应手。黑3如下立，白4断又是强手，黑5只有长，白6之后黑棋已被分割。

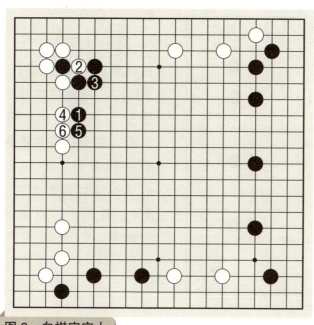

图3 白棋实空大

黑1跳虽是向中腹发展的有力手段，但白2提掉黑棋一子，黑棋不满。黑3补断，白4、6使左边白棋阵营大大加固。

图3 白棋实空大

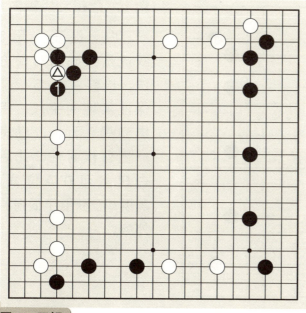

图4 正解

面对白⚠的打，黑1反打是正确的对局方法。对方打吃时，如果直接接会形成愚形，就应该好好考虑一下其他应对手段。如有一定要救活被打吃的棋子的想法，很难下出好棋。

图4 正解

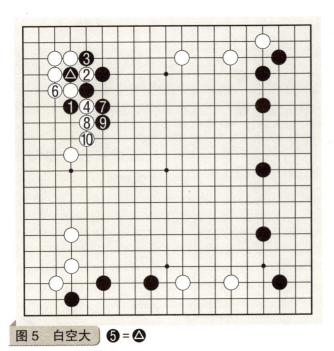

图5 白空大　⑤=△

图5 白空大

黑1打吃时，白2提掉黑棋一子。此时黑3反打，指望白棋接成愚形，其实有点过于贪心。由于打吃并不影响白棋死活，白棋反而有在4位断的好手。到白10为止，白棋非常满意。

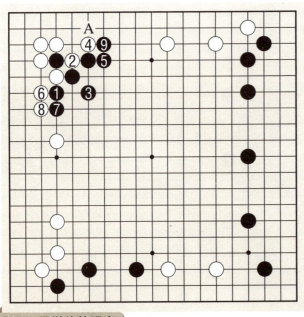

图6 黑棋外势强大

图6 黑棋外势强大

白2提子，黑3双虎是正确的对局方法，接着白4、6扳是保证实地的手段，黑棋到黑9为止，已将一侧白棋封住，此后白棋虽可在A位立，黑棋却已获取了很强的外势。

问题 4　补棋（一）

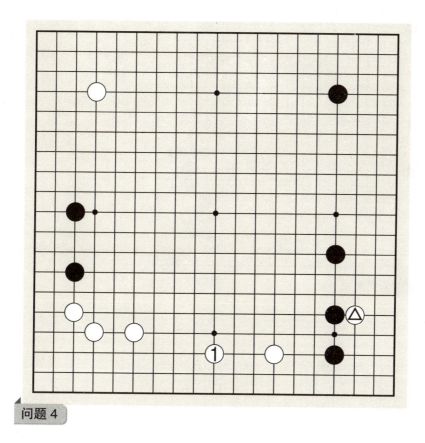

问题 4

　　黑先。本图是白棋暂时不顾角上白棋一子，而在白 1 拆二的棋形。黑棋如何控制白△子，又如何确保角上实利？

图1 黑棋无功而返

黑1扳意在围大角，但被白2长，黑3接，到白10为止，白棋轻易做活，并成了不少空。

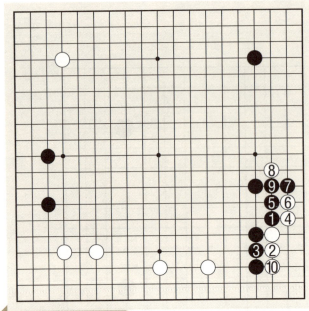

图1 黑棋无功而返

图2 黑棋失算

黑1长意在减少白棋变化的余地，但被白2直接进角，黑棋不满。黑3无奈只有挡，进行到白6，黑棋损失巨大，将来白A扳仍然是白棋的权利。

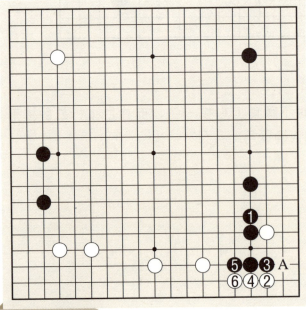

图2 黑棋失算

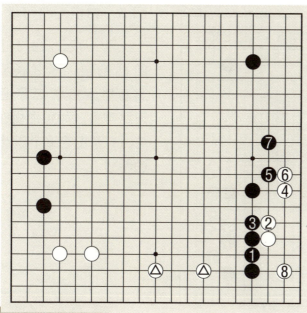

图3 无用的外势

图3 无用的外势

黑1接，白棋仍然白2、4就能轻易化解。到黑7为止，黑棋虽然建立了强大的外势。但到白8为止，白棋已将黑空掏得一干二净，黑棋失算。而且白△也牵制了部分黑棋的外势，黑棋不满。

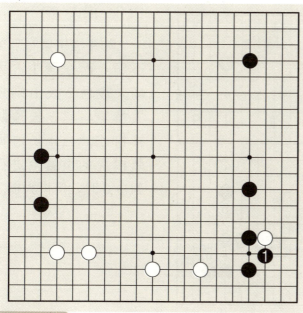

图4 正解

图4 正解

黑1虎压制白棋一子是正确的对局手段。黑1不但确保了角上的实空，同时也使黑棋建立了强大的外势，这种一举两得的要点在对局中应特别注意。

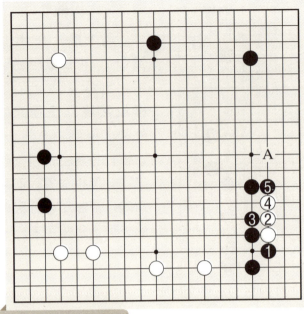

图5 白棋无路可逃

黑1虎，白2逃跑已无望。黑3长到黑5挡，白棋三子已无路可逃。如果白棋在A位有子配合尚有逃出的希望。

图5 白棋无路可逃

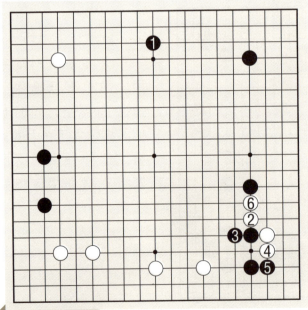

图6 损失惨重

如果黑棋置右下角不顾，而在黑1占大场，被白2扳出则损失惨重。黑3长预防被打吃，白4长占据黑棋虎的位置，进行到白6时，黑棋大损。

图6 损失惨重

问题 5　补棋（二）

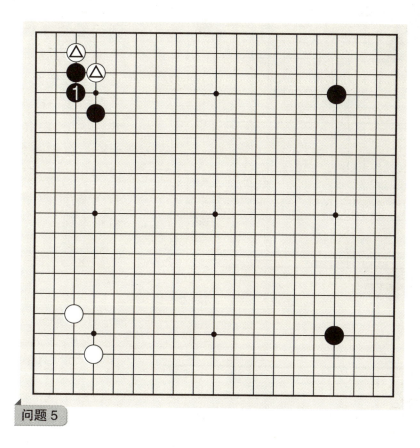

问题 5

　　黑先。黑 1 退防备白棋打吃。如果白棋占据该位置的话，黑棋将被分断，现在的问题是如何才能使白⚠二子安定？

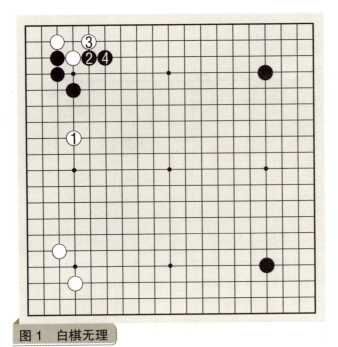

图1 白棋无理

图1 白棋无理

白棋置角上白子不顾而在白1拆，目的是防止黑棋拆，白棋这一手过于无理。黑2夹是阻止白棋出头的有效手段。白3虎，黑4长，白棋虽能做活，但在开局阶段，白棋苦苦做成两眼活，对白棋不利。

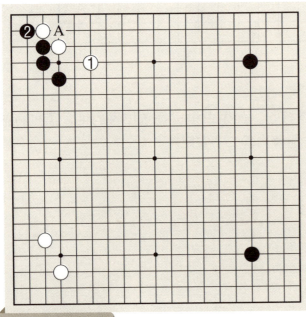

图2 实空的要点

图2 实空的要点

白1飞的目的是向边上发展。但是黑2扳使白棋的眼位不充分，同时也瞄着白棋的断点A，而且黑2本身所得实利也很大。

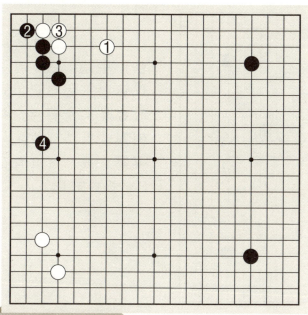

图 3　黑棋形势活跃

白 1 拆二。黑 2 仍然扳，作用与图 2 相同，白 3 接整形，黑 4 拆，黑棋形势好，而白棋效率不高，白棋不满。

图 3　黑棋形势活跃

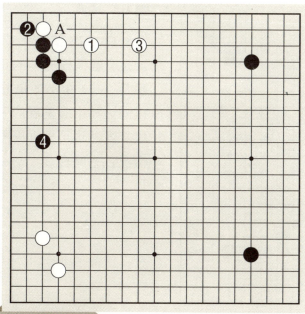

图 4　大同小异

白 1 拆小一路，黑 2 仍然扳。如白 A 接则白棋过于拥挤。白棋脱先在 3 位拆，黑棋同样在 4 位飞，其结果与图 3 大同小异。白棋不应让黑棋在 2 位扳整形。

图 4　大同小异

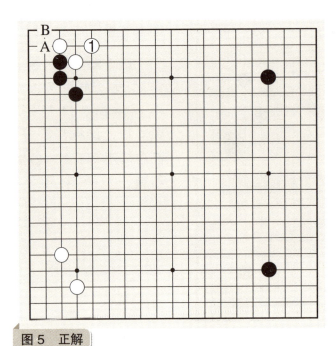

图5 正解

图5 正解

白1虎是稳妥的整形手段。白1虎不仅可以巩固自己,同时也是实空要点,并使黑A扳不成立。如果黑A扳,白棋有在B位扳的先手。

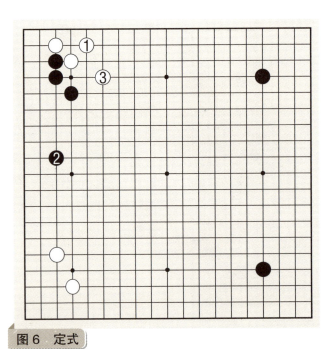

图6 定式

图6 定式

白1虎整形,黑2拆是确保根据地的正确手法。白3飞是白棋向边和中腹发展的手段。当然也可根据周围情况,省略白3。

问题 6　制造断点（一）

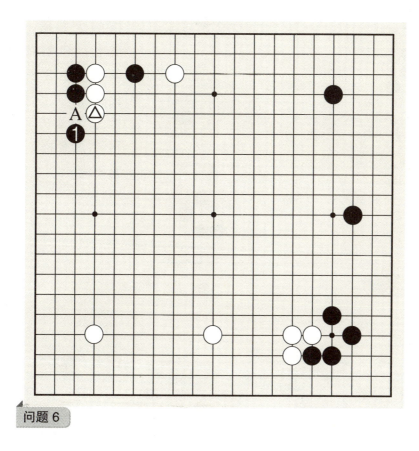

问题 6

白先。黑 1 跳时应该考虑到 A 位的断点才能使用。黑 1 跳是加快速度向边上发展的手段，白棋对此又该如何利用？

图1 大恶手

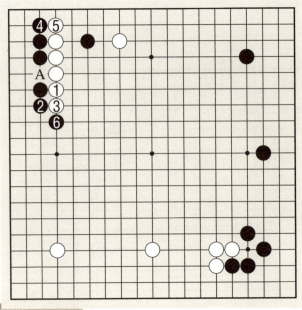
图1 大恶手

白1压,这是白棋的大败着,黑2跟着长,自然补好A位断点。白3长虽然是为了再次扩张势力,但是黑4先手立后,再在黑6扳,白棋非常不满。

图2 操之过急

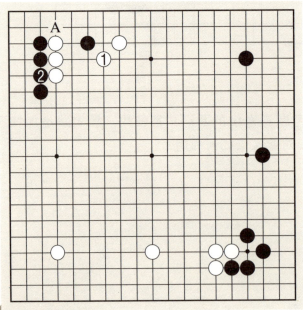
图2 操之过急

白1尖的目的是想吃住黑棋一子,但是这一手太急。黑2接是补断的好手,此后黑有A位先手扳的手段。白棋没有利用到对方的断点。

图3 正解

白1冲，黑2挡，白棋在3位和A位任何一侧断均是正确的对局方法。黑4打吃白棋一子时，白棋可以在A位反打。

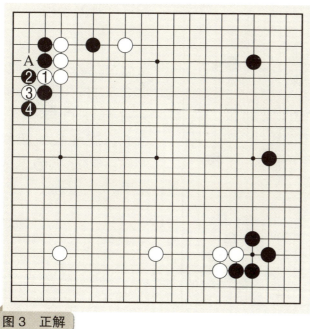

图3 正解

图4 演示图

黑▲打吃时，白1反打，黑2只有提去白▲，白3长打吃黑棋二子，并占据角上实空。其后黑A长，白B长。白棋充分利用了白▲断的价值。

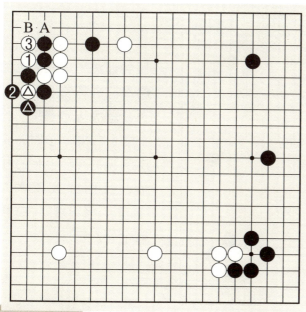

图4 演示图

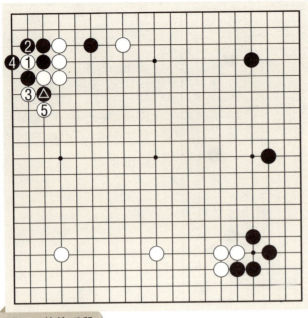

图5 其他手段

白1断的手段也是成立的。黑2打吃，白3反打，黑4无奈只好提掉白棋一子，白5打就能征吃黑棋一子。因此黑△是大恶手。

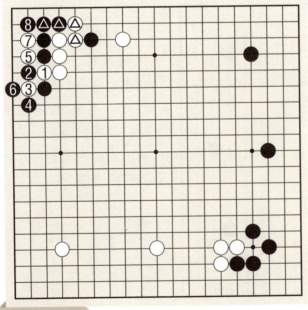

图6 大恶手

白1、3这样的手段并非总是成立。如果△△已进行交换，白3再断就会导致恶果。黑4打吃白棋一子时，白5已无任何利用的价值，反而会变成大恶手。至黑8挡，白棋被全歼。

问题 7　制造断点（二）

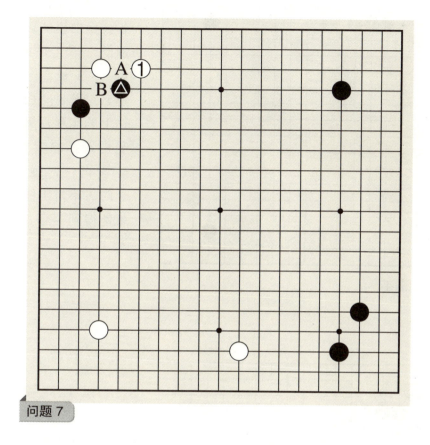

问题 7

　　黑先。当黑▲飞压时，白棋在 A 位或 B 位中任何点长都是正确的手段，但是白棋无视这样的对局原则，在白1跳。黑棋如何下才能正确惩罚白棋？

图1 大恶手

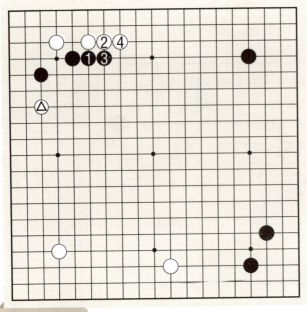

图1 大恶手

黑1压，迫使白2长，但白棋的弱点就此消除，黑1是大恶手。黑1、3长，白2、4随之跟着长。白获取了边上的实利，黑的外势受白△影响威力大减。应该记住，绝对不能让对方不付出任何代价就能得到实空。

图2 白厚

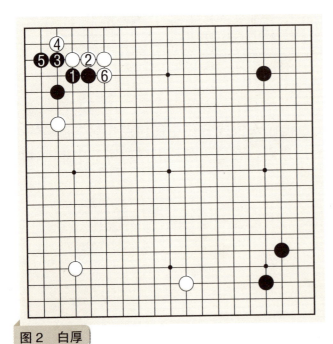

图2 白厚

黑1压另一边，迫使白2连，补去断点。结果反而是黑棋不好。黑3虎，白4挡，黑5被迫长又是黑的不满。白6拐，限制黑向右出头，结果是白棋厚。

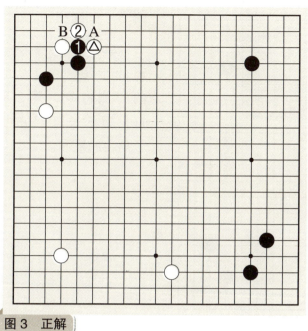

图3 正解

黑1冲,白2挡时,黑棋在A位或B位任何一点断都是正确的对局手段。左右两边,黑棋必吃一边,白△是大恶手。

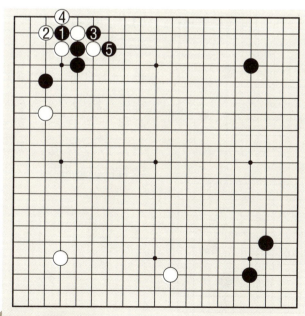

图4 重视外势

一般在这种棋形中,断打是基本的对局手段。黑1断是重视外势的手法,白2打吃,黑3反打,黑5可以征吃白棋一子。

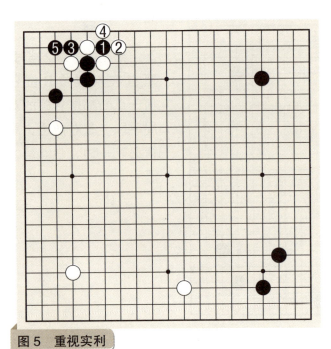

图5 重视实利

图5 重视实利

黑1断是重视实利的手段。白2从断的一侧打吃,黑3反打,黑5长就已占据了角上的实利。

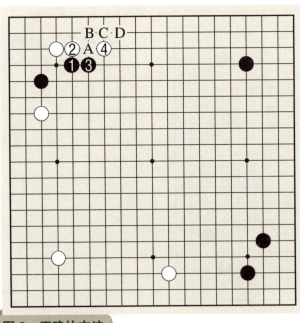

图6 正确的方法

图6 正确的方法

黑1飞压时,白2长,黑3长,白4单跳是正确的方法。如黑A冲,白B挡,黑C断,白D打吃,黑棋没有任何收获。

问题 8　制造断点（三）

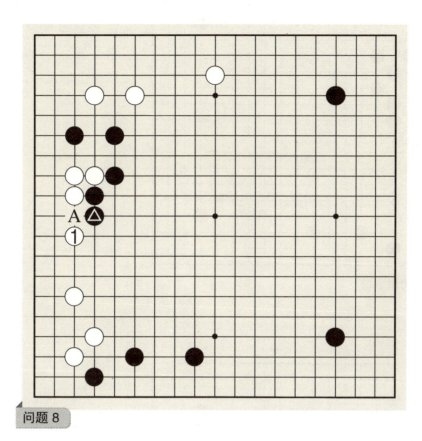

问题 8

黑先。黑△长，使白棋 A 位成为弱点。白 1 的下法是否正确？黑棋有必要精确计算，认真对待。

图1 黑棋消极

黑1虎是顾虑到自身弱点的消极手段。白2接，补断点，黑棋缺少后续手段。

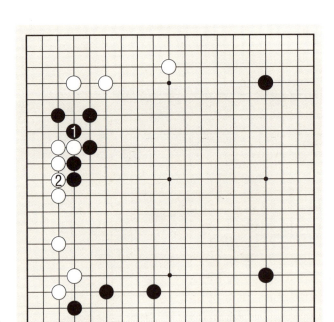

图1 黑棋消极

图2 恶手

黑1压，白2长，白棋的弱点自然消除。因此黑1是大恶手。接着黑3虎补自身的弱点，结果黑棋未能完全利用白棋的弱点。

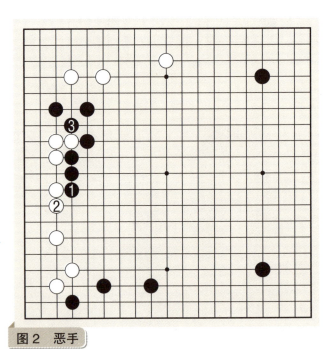

图2 恶手

图3 正解

黑1冲，白2挡后，黑棋在A位或B位任何一点断都是正确的下法。因此白在使用白⊙跳时，应该考虑到对方的断是否成立。

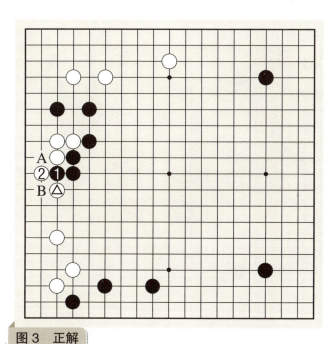

图3 正解

图4 黑棋成功

白1挡时，黑2是吃对方另外三子的手段。白3只好打吃，黑4反打，以后黑6爬就能吃住白棋三子。黑棋正是利用白⊙跳的弱点，取得成功。

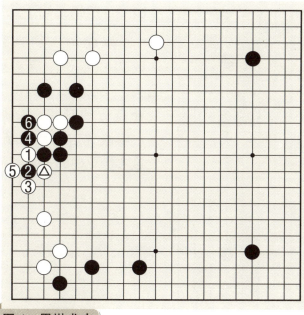

图4 黑棋成功

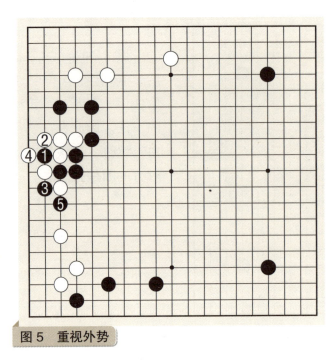

图5 重视外势

图5 重视外势

黑1断是重视外势的手段。白2只好打，黑3反打，其后黑5打就能征吃白棋一子。

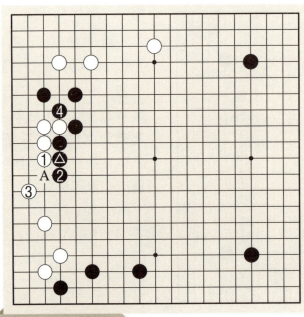

图6 白棋正确下法

图6 白棋正确下法

黑▲时，白A跳改为白1长，黑2挺头，白3飞，黑4虎补自身的缺点，之后白棋脱先占其他大场，这才是正确的下法。

问题 9　制造断点（四）▶▶

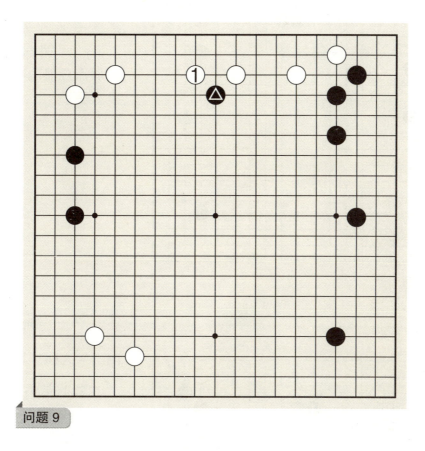

问题 9

　　黑先。黑▲尖冲是消对方外势的常用手段。当对方尖时，从任何一侧长均是正确的方法。但本图中白棋无视这一原则，在 1 位跳，黑棋该如何利用白棋的错误？

图1 恶手

黑1压的目的虽然是寻求外势，但白2长，就使白棋A位的弱点自然消除，黑1是大恶手。

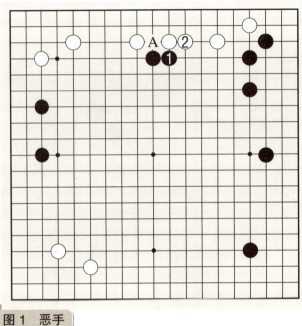

图1 恶手

图2 大同小异

黑1向另一侧压时，白2接则自然补去了白△的缺点，黑棋不好。事实上，黑棋有利用白△跳的弱点而一举取得优势的手段。

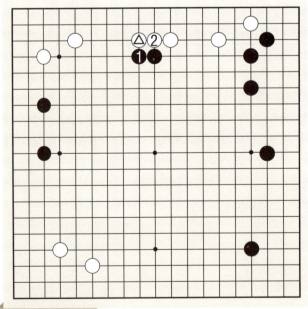

图2 大同小异

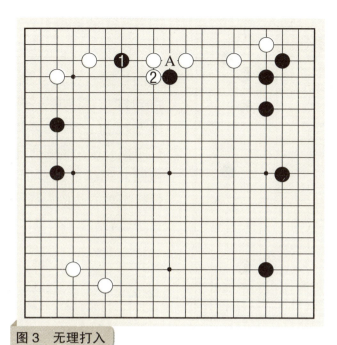

图3 无理打入

图3 无理打入

黑1打入，白2有长的手段。黑棋要处理打入的棋子，无暇顾及攻击白棋A位断点。对方实地太大时，应无条件打入，这是绝对应该称道的对局方法。但此处白棋实地有限，黑棋应做其他打算。

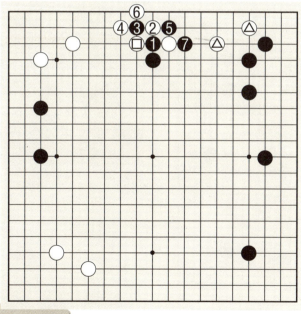

图4 正解

图4 正解

黑1、3占据要点，然后从另一边切断白棋是正确的对局手段。白4、6打吃黑棋一子，到黑7为止，黑棋不但可以征吃一白子，还使白△成为非常弱的棋子，黑棋获得巨大成功。□是恶手。

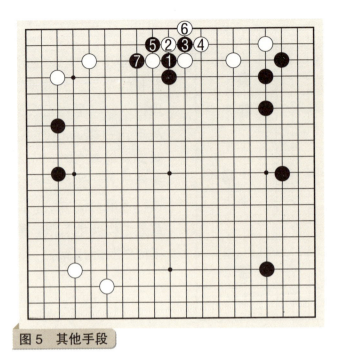

图5 其他手段

图5 其他手段

白2挡时，黑3断的手段也是成立的。白4打吃黑棋一子，黑5反打，黑7可以征白棋一子。但是如果像图4那样在左侧断，伺机进攻右边的白棋会更加有利。

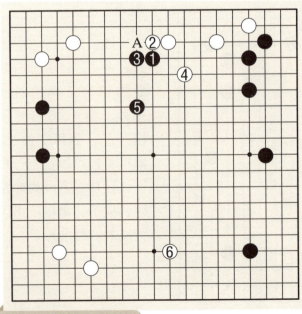

图6 白棋的正确下法

图6 白棋的正确下法

黑1尖冲时，白A跳是漏看自己弱点的大恶手。白2长，黑3长，白4飞，黑5跳意在寻求出头，白6拆牵制黑棋。这才是正确的下法。

曹薰铉、李昌镐精讲围棋系列

第一辑

精讲围棋官子 . 官子计算
精讲围棋官子 . 官子手筋
精讲围棋官子 . 官子次序

第二辑

精讲围棋棋形 . 定式常型
精讲围棋棋形 . 棋形急所
精讲围棋棋形 . 手筋常型

第三辑

精讲围棋布局 . 布局基础
精讲围棋布局 . 布局技巧
精讲围棋布局 . 布局实战1
精讲围棋布局 . 布局实战2
精讲围棋布局 . 布局实战3

第四辑

精讲围棋定式 . 星定式
精讲围棋定式 . 小目定式
精讲围棋定式 . 目外高目三三定式
精讲围棋定式 . 定式选择
精讲围棋定式 . 定式活用

第五辑

第六辑

精讲围棋对局技巧.基本技巧
精讲围棋对局技巧.接触战
精讲围棋对局技巧.实战对攻

精讲围棋中盘技巧.打入与侵消
精讲围棋中盘技巧.攻击
精讲围棋中盘技巧.试应手

第七辑

第八辑

精讲围棋手筋.1
精讲围棋手筋.2
精讲围棋手筋.3
精讲围棋手筋.4
精讲围棋手筋.5
精讲围棋手筋.6

精讲围棋死活.1
精讲围棋死活.2
精讲围棋死活.3
精讲围棋死活.4
精讲围棋死活.5
精讲围棋死活.6